Ursula Kraemer

Das Beste für ein starkes Ich

Impulse und Übungen für mehr Selbstbewusstsein und Selbstwertgefühl

FSC
www.fsc.org

MIX

Papier aus ver-
antwortungsvollen
Quellen
Paper from
responsible sources

FSC® C105338

Früher galt ich bei andern,
jetzt gelte ich mir selbst etwas.
Viele ziehen das erste, wenige das zweite vor.

Caspar David Friedrich

Impressum
© Ursula Kraemer
Alle Rechte Ursula Kraemer,
Satz und Umschlaggestaltung Ursula Kraemer, Friedrichshafen
Collagen © Ursula Kraemer
Umschlagfoto Vika_Glitter
Verlag: BoD · Books on Demand GmbH, In de Tarpen 42,
22848 Norderstedt, bod@bod.de
Druck: Libri Plureos GmbH, Friedensallee 273,
22763 Hamburg
ISBN: 978-3-7597-8756-9
Printed in Germany

Inhalt

Einstieg

Im Laufe meiner Arbeit, in Seminaren, Workshops und Coachings, ist mir aufgefallen, dass die Grundlage vieler Probleme, die angesprochen wurden, ein geringes Selbstwertgefühl ist. Darf ich das Leben wirklich so gestalten, wie ich es will? Darf ich Grenzen setzen und warum fällt mir das so schwer? Warum glaube ich nicht daran, ein Ziel tatsächlich zu erreichen? Warum sind die anderen so viel besser als ich?

Um nicht nur meine Teilnehmerinnen und Teilnehmern im Coaching zu begleiten, sondern einen größeren Kreis zu unterstützen, habe ich mich entschieden, dieses Buch zu verfassen. Es geht nicht um theoretische Grundlagen, sondern um ganz konkrete Übungen, die helfen, innerlich zu wachsen und sich als einzigartige Person wahrzunehmen und zu schätzen.

Was bist du wert?

Woran machst du deinen Selbstwert fest? An Fans und Followern, an Likes und Kommentaren? Das ist kein guter Weg. Denn was passiert, wenn dir plötzlich niemand mehr folgt und dich gut findet? Oder ist dir nur wichtig, was du dir leisten kannst? Endlich einen schicken Sportwagen zu besitzen oder ausschließlich in den besten Boutiquen einzukaufen? Doch was ist, wenn du dir plötzlich nichts mehr leisten kannst und du mit dem zufrieden sein musst, was du hast? Wirst du dich dann schlecht fühlen, weil du glaubst, dass dein eigener Wert ebenfalls abnimmt? Die Abhängigkeit von äußeren Faktoren, von der Bewertung anderer sollte nie deinen Wert bestimmen. Denn das wäre statt eines Selbstwertgefühls ein Fremdwertgefühl.

Es geht beim Selbstwertgefühl nie um höher, schneller, reicher, schlanker, sondern um das, was du in dir trägst.

Denn genau das macht dich EINZIGARTIG.

Du bist richtig, so wie du bist.

Fremdwert oder Selbstwert?

Das Fremdwertgefühl entsteht nicht erst, wenn wir erwachsen sind. Es hat seinen Ursprung in frühester Kindheit. Im Laufe des Lebens wurden die meisten von uns ständig gefüttert mit negativen Sätzen: Fehler, die wir gemacht haben, Unzulänglichkeiten, die uns prägen, Dinge, die man uns nicht zutraut. Sie kommen von Eltern oder Lehrern, von Chefs, von Kollegen, die uns übel wollen und sogar von fremden Menschen. Diese Sätze prägen sich in unserem Inneren ein und am Ende nehmen wir sie für bare Münze. „Deine Schrift sieht grauenhaft aus" oder „Dein Bruder macht das viel besser" oder „Iss' nicht zu viel, du bist sowieso schon zu dick" oder Von der kam noch nie ein guter Vorschlag".

Solche Gedanken beeinflussen unser ganzes Leben, alle Lebensbereiche, nicht nur beruflich, sondern auch die Beziehung, Freundschaften, die eigenen Bedürfnisse, die Gesundheit: Du traust dir nichts zu, du hältst dich zurück, willst es anderen immer recht machen, ziehst keine Grenze, sagst nicht nein. Du setzt den Wert deiner eigenen Arbeit zu nieder an, ob in Bewerbungen, in Gehaltsverhandlungen oder Karriereschritten. Als Selbständige traust du dich nicht, wirklich sichtbar zu sein und deine Dienstleistung ihrem Preis entsprechend zu verkaufen oder erfolgreich zu verhandeln.

Du kannst es ändern

Wenn du dich in dem einen oder anderen Punkt wiedererkennst, dann möchte ich dir sagen: Du kannst das ändern. Ändern, indem dich nicht mit anderen vergleichst, sondern indem du anerkennst, was du in dir trägst und was dich im Besondern ausmacht: Das sind deine Fähigkeiten, deine Eigenschaften, deine Talente, all das, was DU schön an dir findest.

Du kannst da nichts aufzählen? Dann bist du nicht allein. Als es in einem Seminar um die Aufgabe ging, eigene Fähigkeiten zu nennen, sah mich eine Teilnehmerin ratlos an. Sie zuckte mit den Schultern und fragte: „Könnte ich nicht besser aufzählen, was ich nicht kann?" Nein: Jeder ist wertvoll so wie er ist. Deine Einzigartigkeit, deinem Unvergleichlichkeit macht dich zu etwas Besonderem. Du kannst lernen, deinen eigenen Wert zu erkennen, wenn du bereit bist, an dir zu arbeiten. Und damit das leichter geht, habe ich dieses Buch geschrieben. Es unterstützt und begleitet dich.

So holst du das Beste für dich heraus

Lies die einzelnen Kapitel nicht nur durch, sondern setze die Übungen auch gleich um. Es wäre schade, wenn das Buch am Ende nur im Regal stünde und irgendwann sogar entsorgt würde. Denn dann kann es nichts bewirken. Mal dir jeden Tag, jede Woche ein kleines Herz in deinen Kalender, um deine Fortschritte zu dokumentieren. Hast du dich zum ersten Mal getraut, eine Bitte abzulehnen, deine Zweifel zu überwinden und mutig ein Ziel anzustreben? Fortschritte, auch wenn sie noch so klein sind, werden dich weiterbringen.

In welcher Reihenfolge du die Themen bearbeitest und die Übungen machst, bleibt dir überlassen. Hauptsache, du wirst aktiv. Denn Lesen alleine genügt nicht. Auf die Gedanken, die du dir machst, kommt es an. Und die Übungen dazu sind der wichtigste Anschub. Manchmal musst du ein Kapitel später noch einmal aufgreifen, denn Veränderungen brauchen Zeit und Durchhaltevermögen. Aber wenn du dranbleibst, ist die Belohnung groß.

- Zum Buch passt das Notizheft, das **Selbstwert-Journal,** in dem du deine Erfahrungen mit den Übungen notieren kannst. Denn das Festhalten deiner Gedanken verstärkt die Chance, Veränderungen anzuschieben. Es zeigt, dass es dir ernst ist. Und das Wichtigste: Selbstwertgefühl entsteht im Rückblick. Denn sobald du erkennst, welchen Weg du schon gegangen bist, was du gelernt hast im Vergleich zu den Wochen oder Monaten davor, wächst dein Inneres. Deshalb lies später deine Notizen immer noch einmal durch. Die Belohnung wird groß sein, denn du erkennst, wie du dich im Positiven verändert hast.

Den Hinweis zum Selbstwert-Journal findest du auf Seite 183

- Zusätzlich zu deinen Notizen sammle Erfolgssymbole, die du immer wieder in die Hand nehmen kannst, wie Fotos, Zertifikate, anerkennende Briefe, positive Feedbacks, Preise oder Trophäen.

Dein Selbstwertgefühl wächst

Wenn du wirklich bereit bist, an dich zu glauben und die heute noch bestehenden Hürden zu überwinden, wirst du, wenn du das Buch durchgearbeitet hast, am Ende staunen, mit welcher Leichtigkeit du durch das Leben fliegst. Also, mach dich dran. Du wirst es nicht bereuen.

Hast du einen Ballon zu Hause? Dann blas ihn so groß auf wie du dich **heute** in deinem Selbstwert fühlst. Super wäre, wenn du dann ein Foto machen könntest, denn später wirst du dich vielleicht nicht mehr seinen Umfang erinnern. Du hast keinen zur Hand? Dann blas einen Ballon in Gedanken auf und zeichne ein Bild davon.

Wenn du dich mit diesem Buch beschäftigt hast, die Kapitel gelesen und durchgearbeitet hast, die dich im Augenblick am meisten anziehen, dann blase den Ballon noch einmal auf, ob in echt oder in deiner Fantasie. Wie groß ist er nach einigen Monaten, einem halben Jahr? Wenn du wirklich am Thema drangeblieben bist, siehst du bestimmt einen Unterschied. Wenn nicht, dann wäre das für mich die Frage, wie aktiv du tatsächlich warst. Hol dir die Themen noch einmal heraus, die du gerade am nötigsten brauchst. **Also: Starte jetzt.** Nur so kannst du gewinnen.

Denn wenn du wartest, bis der richtige Zeitpunkt gekommen ist, wirst du nie anfangen. Beschäftige dich damit, was dir gerade Unwohlsein oder sogar Angst macht. Glaub daran, dass du lernen und wachsen kannst. Bewege dich auf deine Angst zu, nicht von ihr weg. Es ist nur ein Schritt, doch auf den kommt es an. Sag' immer Ja zu Herausforderungen, die dich deinem Ziel näher bringen. Und vertraue darauf, dass du schon rechtzeitig herausfinden wirst, wie es geht.

Ich selbst habe viele solcher Situationen durchgestanden, von denen ich anfangs nicht wusste, ob ich es schaffe: Mit 23 habe ich meine erste universitäre Vorlesung gehalten vor Studenten, die z.T. älter waren als ich. Viele solcher Veranstaltungen folgten. Ich habe mich als alleinerziehende Mutter mit drei Kindern selbständig gemacht und fühlte mich dabei wie auf einem 10 m Brett mit der Angst, unten im Becken ist vielleicht kein Wasser. Mein Unternehmen trägt mich seit 25 Jahren.

Mein erstes Buch hatte ich nur für meine Kinder geschrieben. Unvorstellbar, es zu veröffentlichen. Das hätte mich total ausgebremst. Doch als es fertig war, habe ich mich doch getraut. Inzwischen habe ich schon 10 Bücher veröffentlicht. Wenn ich immer gewartet hätte, bis ich mir absolut sicher war, gäbe es nichts von dem, was du heute von mir siehst und hörst. Nichts.

Wenn du dich immer noch Angst hast, dein Ziel anzugehen, dann rate ich, dir die folgende Fragen zu stellen:

- Was kann schlimmstenfalls passieren?
- Was mache ich dann?
- Was kann ich tun, damit der schlimmste Fall nicht eintritt?

Damit bist du gewappnet. Und außerdem lass dir gesagt sein, die meisten Probleme werden gar nicht auftreten, sie sind nur in deinem Kopf. Also: Fang an. Der Rest wird sich fügen.

Wenn du es aber nicht alleine schaffst, dein Selbstwertgefühl zu steigern, kann es auch daran liegen, dass viele schlimme Erfahrungen, innere Verletzungen und Traumata verarbeitet werden müssen. Dann such dir einen Therapeuten, eine Therapeutin. Sei es dir wert, diesen Weg zu legen.

Ich bin ich

Auf der ganzen Welt gibt es niemanden wie mich.
Es gibt Menschen, die mir in vielem gleichen,
aber niemand gleicht mir aufs Haar.

Deshalb ist alles, was von mir kommt, mein Eigenes,
weil ich mich dazu entschlossen habe.
Alles, was mit mir zu tun hat, gehört zu mir.

Mein Körper, mit allem was er tut,
mein Kopf, mit allen Gedanken und Ideen,
meine Augen, mit allen Bildern, die sie erblicken,

meine Gefühle, gleich welcher Art , ob Ärger, Freude, Frustration,
Liebe, Enttäuschung, Begeisterung.
Mein Mund und alle Worte, die aus ihm kommen, höflich, lieb oder
schroff, richtig oder falsch.
Meine Stimme, laut oder leise, und alles, was ich mir
selbst oder anderen tue.

Mir gehören meine Phantasien, meine Träume, meine
Hoffnungen, meine Befürchtungen,
mir gehören all meine Siege und Erfolge und all meine
Niederlagen und Fehler.
Weil ich mir ganz gehöre, kann ich mich näher mit mir
vertraut machen.
Dadurch kann ich mich lieben und alles, was zu mir gehört, freund-
lich betrachten.

Damit ist es mir möglich, mich voll zu entfalten.
Ich weiß, dass es einiges an mir gibt, das mich verwirrt, und
manches, das ich noch gar nicht kenne.
Aber solange ich freundlich und liebevoll mit mir umgehe,
kann ich mutig und hoffnungsvoll nach Lösungen für
Unklarheiten schauen und Wege suchen,
mehr über mich selbst zu erfahren.

Wie auch immer ich aussehe und mich anhöre, was
ich sage und tue, was ich denke und fühle,
immer bin ich es.

Es hat seine Berechtigung, weil es ein Ausdruck dessen ist,
wie es mir im Moment gerade geht.
Wenn ich später zurückschaue, wie ich ausgesehen und mich angehört habe,
was ich gesagt und getan habe, wie ich gedacht und gefühlt habe,
kann es sein, dass sich einiges davon als unpassend herausstellt.

Ich kann das, was unpassend ist, ablegen und das, was
sich als passend erwiesen hat, beibehalten
und etwas Neues erfinden für das, was ich abgelegt habe.

Ich kann sehen, hören, fühlen, denken, sprechen und handeln.
Ich besitze die Werkzeuge, die ich zum Überleben brauche,
mit denen ich Nähe zu anderen herstellen und mich
schöpferisch ausdrücken kann,
und die mir helfen, einen Sinn und eine Ordnung in der
Welt der Menschen und der Dinge um mich herum zu finden.

Ich gehöre mir und deshalb kann ich aus mir etwas machen.
ICH BIN ICH und so, wie ich bin, bin ich ganz in Ordnung.

Deklaration der Selbstachtung
Virginia Satir, Familientherapeutin

Spieglein, Spieglein an der Wand

Der erste Schritt, das Selbstwertgefühl zu erhöhen, ist, deinen Körper so anzunehmen, so wie er ist, ohne Wenn und Aber. Wir alle sind nicht perfekt, wir alle haben kleinere und größere körperliche Mängel. Interessanterweise werden diese Mängel von Menschen in unserem Umfeld oft gar nicht wahrgenommen oder zumindest nicht negativ bewertet. Nur wir selbst haben diese stets im Blick und vergessen darüber, dass wir alle Grund genug haben, unseren Körper in einem positiven Licht zu sehen. Das fällt dir schwer? Dann bist du nicht alleine.

Die Ursachen

Selbst die schönsten Frauen werden dir aufzählen, was ihnen an sich selbst nicht gefällt. Die sozialen Medien tragen dazu bei, dass auch sie mit sich unzufrieden sind. Und wer häufig solche Bilder anschaut, bekommt einen verzerrten Blick. Die Fotos entsprechen selten der Realität. Mit Hilfe eines Schönheitsfilters lassen sich Regionen des Körpers verbessern: Die Beine werden länger, die Hüften schmaler, die Augen größer, die Lippen werden voller und die Nase bekommt eine niedliche Form.

Doch nicht nur die Sozialen Medien und Modezeitschriften, auch Eltern, Tanten, Großeltern haben einen großen Einfluss auf Einstellung ihrer Kinder zu ihrem Körper. Deren negative Kommentare über das Aussehen oder hohe Erwartungen an das Erscheinungsbild führen zu Selbstzweifeln und einem niedrigen Selbstwertgefühl. Wenn eine Mutter stark auf ihr Gewicht achtet und stets neue Diäten ausprobiert, wird sie ihr Tochter ermahnen: „Iss' nicht so viel, sonst wirst du zu dick". Oder wenn es um Kleidung geht, kann auch der Satz fallen: „Mit deinen Beinen solltest du besser keinen Rock tragen." Oder: „Die Hose ist zu eng. Sie betont deinen fetten Hintern."

Wenn Eltern das Aussehen der Geschwister miteinander vergleichen und bestimmte körperliche Merkmale als weniger attraktiv zu betrachten und dies kommunizieren, wird dies ebenfalls negative Folgen haben. „Deine Schwester hat viel schönere Haare als du." Oder: „Mit diesem Lachen sticht dein Bruder alle aus". Dies wird dazu führen, dass Kinder sich in ihrem Aussehen unzureichend oder unattraktiv fühlen. Doch zum Glück lässt sich dies auch korrigieren. Schönheit ist immer subjektiv und Selbstakzeptanz und Selbstliebe sind wichtige Aspekte, um eine positive Beziehung zum eigenen Körper zu entwickeln und ein gesundes Selbstwertgefühl aufrechtzuerhalten.

Dein Körper hat eine einzigartige Kombination von Merkmalen, die ihn von anderen unterscheidet. Das können deine Gesichtszüge, deine Körpergröße, deine Haarfarbe, deine Augenfarbe und viele andere physische Eigenschaften sein. Erkenne und feiere deine Einzigartigkeit und Individualität. Du bist einzigartig und wertvoll, genauso wie du bist, und dein Körper ist ein Ausdruck dieser Einzigartigkeit.

Was du tun kannst
Du und dein Spiegel

Spiegelübungen helfen dir, dein Selbstbild zu stärken, deine Selbstakzeptanz und -liebe zu fördern und so dein Selbstwertgefühl zu stärken. Es gibt verschiedene Varianten, beginne mit der, die dir am leichtesten fällt, aber bleib nicht dabei stehen. Gehe Schritt für Schritt weiter.

Dein Körper

Stell dich vor den Spiegel, angezogen, in der Unterwäsche oder im Schlafanzug. Schau dir in die Augen, betrachte dein Gesicht, deinen Körper. Sage ehrlich und aufrichtig zu dir selbst: „Ich liebe und akzeptiere mich so, wie ich bin." Dir fallen diese Worte schwer, weil du dich nicht wohlfühlst in der eigenen Haut, weil du nur Fehler bei dir siehst oder nie gelernt hast, gut zu dir zu sein?

Sicher kannst du sofort mindestens fünf Dinge aufzählen, die du an deinem Körper nicht magst. Da bist du nicht allein. Sogar das schönste Modell wird Problempunkte benennen und sagen, der kleine Zeh ist krumm ist, Ellbogen fühlt sich rau an, die Naturhaarfarbe ist scheußlich. Ändere die Perspektive und sei ehrlich zu dir. Auch dein Körper hat einige besonders schöne Details. Ist es der Schwung der Augenbrauen, sind es die schmalen Handgelenke, die Lachfältchen oder die Form deines Nackens?

Schenke dir dann positive, wertschätzende Aussagen:
- Ich schätze meinen Körper für alles, was er für mich tut. Meine Narben/Makel sind Teil meiner Geschichte, und ich bin stolz auf sie.
- Ich bin gut so wie ich bin.

Ich bin gut so wie ich bin

Deine Leistung

Mit dieser Spiegelübung schenkst du dir Anerkennung für deine eigenen Bemühungen und Erfolge und stärkst dein Selbstbewusstsein. Nimm dir Zeit, um auf das zu schauen, was du erreicht hast. Schau dir dabei in die Augen und und sprich aus, was du an dir selbst schätzt. Nenne die Dinge, die du an diesem Tag geschafft hast.

- Was hast du Neues gelernt?
- Was ist dir gelungen?
- Welchen Versuchungen hast du widerstanden?
- Welche Punkte deiner To-Do-Liste konntest du abarbeiten?
- Wozu konntest du dich aufraffen?

Verwende nicht nur Worte, sondern ganze Sätze, ähnlich, wie du es einem anderen gegenüber sagen würdest:

- Ich spreche dir meine Anerkennung aus für deine souveräne Kundenpräsentation.
- Ich schätze an dir, dass deine Kritik so konstruktiv formuliert war.
- Ich finde super, dass du jetzt schon über eine Woche deine Morgengymnastik machst.
- Auch wenn es schwer war, habe du es durchgezogen, und das macht dich stark.
- Ich finde es super, dass du deine Gesundheit priorisiert und regelmäßig Sport gemacht habe

Oder: Wenn es dir so leichter fällt:

- Du hast den Entwurf maßstabsgetreu hingekriegt, alle Achtung.
- Deine Fähigkeit, spontan so gute Lösungen zu finden, das macht dir keiner nach.

Während du dich im Spiegel betrachtest, sprich deinen Namen aus und sag dir selbst laut mit einem Lächeln: „Du bist genug."

Nachdem du die Spiegelübung durchgeführt hast, nimm dir einen Moment Zeit, um darüber nachzudenken, was du während der Übung erlebt hast. Reflektiere deine Gedanken, Gefühle und Erkenntnisse und überlege, was du daraus lernen kannst. Notiere deine Erkenntnisse. Je öfter du diese Übungen machst, desto mehr wirst du dich akzeptieren und lieben.

Eine einfache Variante

Falls es dir noch schwer fällt, die vorangegangenen Übungen umzusetzen und du es nicht schaffst, dir kaum ausgeschlafen schon mit Wohlwollen zu begegnen, dann mach es, wenn du geduscht, frisiert, angezogen und zurechtgemacht bist. Dann lächle dich im Spiegel an und sage „Ich wünsche dir einen guten Tag." Doch bleibe dabei nicht stehen. Diese Übung ist erst der Anfang.

Verzichte auf Modehefte und Frauenzeitschriften. Reduziere den Konsum von Social Media. Die Bilder, mit denen du dich ständig konfrontierst, werden jedes Mal wieder deinen Selbstwert untergraben. Sei dir bewusst, dass egal wie perfekt eine Person auf dich wirken mag, sie vermutlich auch Tage hat, an denen sie sich nicht schön findet. Verknüpfe dich deshalb lieber mit Menschen, die trotz aller Defizite zu ihrer Person stehen. Von ihren Erfahrungen kannst du lernen.

Hier noch eine Übung für Fortgeschrittene

Sorge dafür, dass du ungestört bist. Stell dich nackt vor den Spiegel, so, dass du dich im Ganzen siehst. Wenn dir das anfangs schwer fällt, dann lass deine Unterwäsche an und nimm den Bikini. Betrachte dich, ohne zu bewerten. Schau dich wohlwollend an. Lass deinen Blick wandern vom Hals, zu den Schultern, dem Busen, dem Bauch, deinem Unterleib, zu den Beinen, den Füßen… Welches Gefühl hast du? Zur Erinnerung: Du bist dir dein bester Freund/deine beste Freundin!

Jetzt sprichst du laut aus: „Ich liebe mich so, wie ich bin, mit all meinen Stärken und auch mit meinen Schwächen!" oder „Wow, heute sehe ich wieder toll aus!" Das mag dir albern und überzogen erscheinen, doch Gedanken sind Kräfte, Gedanken neigen dazu, sich zu realisieren.

Im Alltag

Wann immer du dich den Tag über im Spiegel siehst, lächle dich an. Du verdienst es. Auch, wenn du dich dabei zunächst komisch fühlst: Dein Gehirn fängt an, Glückshormone zu produzieren, was wiederum dazu führt, dass du dich wirklich besser fühlst! In einem ersten Schritt wirst du deinen Körper vielleicht noch nicht lieben können. Zumindest aber solltest du ihn akzeptieren. Je öfter du diese Übungen machst, desto leichter wird es dir fallen, dir selbst etwas Positives zu sagen. Sag Sätze wie: Ich bin einzigartig. Ich liebe mich. Ich bin stolz auf mich. Heute werde ich einen wunderbaren Tag erleben.

Starte damit, negative Gedanken über dich selbst mit positiven zu ersetzen. Beispielsweise: „Meine Augen sind schön" oder „Meine Haare sehen heute richtig gut aus". Erstelle eine Liste mit all den Dingen, die du an dir magst und zu schätzen weißt und wiederhole diese positiven Dinge regelmäßig, um den negativen Gedanken zu trotzen. Eine positive Einstellung zu deinem Körper lässt deine Ausstrahlung wachsen. Es kommt zurück, was du ausstrahlst.

Stärke deine Selbstmotivation

Mit dieser Übung bereitest du dich auf bevorstehende Herausforderungen und motivierst dich, sie zu meistern. Stell dich vor den Spiegel und sage dir motivierende Sätze, um dich für den Tag oder ein bestimmtes Ereignis zu stärken:

- Ich bin bereit, alles zu geben.
- Ich habe alles, was ich brauche, um erfolgreich zu sein.
- Ich vertraue mir und meinen Fähigkeiten.

Verzeih dir

Manchmal ist es schwer, sich selbst für vergangene Fehler zu vergeben und negative Emotionen loszulassen. Diese Übung fördert deine Selbstvergebung und dein Mitgefühl. Stelle dich vor den Spiegel und sprich dir selbst verzeihende Worte zu:

„Ich vergebe mir, dass ich Fehler gemacht habe."

„Ich lerne aus meinen Fehlern und werde daran wachsen."

„Es ist okay, Fehler zu machen. Ich werde geduldiger mit mir sein."

Deine Stärken

Bist du schon einmal gefragt worden, worin deine Stärken liegen? Als Erwachsene war das wahrscheinlich bei einer Bewerbung der Fall. Da ist es dir vielleicht noch einigermaßen leicht gefallen sein, denn in dieser Situation spielen vor allem Ausbildung, Zeugnisse und Abschlüsse eine Rolle. Doch das allein bist nicht du. Du bist viel MEHR.

Zu deinen Stärken gehören auch deine Eigenschaften, deine Fähigkeiten jenseits von Schule und Ausbildung und das, was dir im Lebengrundsätzlich leicht fällt. Auch deine Eigenheiten zählen dazu, Eigenheiten, die niemand außer dir hat. Genau das gefällt anderen Menschen oft. Doch viele von uns wissen gar nicht, was alles noch zu ihren Stärken zählt. Etwas als eigene Stärke anzuerkennen, fällt uns auch deshalb schwer, wenn wir es als selbstverständlich empfinden, weil es schon immer da war. Wenn dir im Alltag eine Aufgabe leicht von der Hand geht, zählst du sie in der Regel nicht zu deinen Werten. Das ist schade.

Hinzu kommt, dass du oft an deinen Stärken zweifelst, weil du ständig Bewertungen ausgesetzt bist. Deine Umwelt will entscheiden, ob du etwas kannst oder nicht. Doch das wiederum ist abhängig davon, welche Werte die „Beurteiler" haben: Sie halten es z.B. für gut, wenn du sehr ordentlich bist und übersehen, dass ein unglaublich kreatives Talent in dir steckt. Oder sie lästern, dass du dich gerne in die erste Reihe stellst und werten deine Fähigkeit ab, Menschen motivieren zu können. Deswegen ist erst einmal wichtig, dir selbst Klarheit zu verschaffen, worin deine Stärken liegen.

Was du tun kannst
Erstelle deine Stärkenliste

Damit du deinen Stärken auf die Spur kommst, habe ich einige Fragen zusammengestellt. Schreib auf, was dir im Augenblick einfällt, und ergänze deine Notizen immer wieder, wenn du im Tun feststellst

- „Ach, das kann ich ja auch."
- Welche Aufgaben machen dir besonders viel Spaß?
- Wofür habe ich in der Vergangenheit besonders viel Zeit aufgewandt?
- In welchen Bereichen hab ich mich weiterentwickelt?
- Was interessiert mich besonders?
- Bei welchen Themen werde ich häufig von anderen um Hilfe gebeten?
- In welchen Situationen werde ich ungeduldig, weil andere es nicht so gut können?
- Wofür bekomme ich von anderen Komplimente, Lob oder Bewunderung?
- In welchen Fächern war ich in der Schule gut?
- Was geht mir leicht von der Hand?
- Bei welcher Aufgabe kann ich mich besonders gut konzen-
- trieren?
- Was ist mir schon des Öfteren gut gelungen?
- Woran habe ich Freude, was mache ich mit Leidenschaft?
- An welche persönlichen Erfolge denke ich gerne zurück?
- Welche Probleme konnte ich bereits gut lösen?
- Welche Herausforderungen habe ich gemeistert?
- Bei welcher Tätigkeit vergesse ich die Zeit?
- Was unterscheidet mich von anderen?

Was macht dich einzigartig?

Wenn du dich mit anderen vergleichst, fällt meistens etwas hinten runter: Deine Einzigartigkeit. Doch du hast Stärken, die anderen fehlen oder du hast eine Kombination von Fähigkeiten, bei denen dir niemand das Wasser reichen kann. Was fällt dir ein? Kannst du Farbnuancen sehr differenziert unterscheiden? Spürst du, welche Gefühle dein Gegenüber in sich trägt? Bist du in der Lage, aus Resten ein leckeres Menü zu zaubern? Hattest du den Mut, in einen komplett anderen Beruf zu wechseln, was dir dann auch gelang? Kannst du dich ohne jede Hilfe in einer Gegend sofort orientieren? Schreib es dir auf und setze diese Fähigkeiten ein und entwickle sie weiter. Und vor allem: Sprich darüber.

Ergänze die Liste regelmäßig

Immer wenn dir etwas Neues gelungen ist, wenn du Fortschritte gemacht hast, und seien sie auch noch so klein, gehört das auf die Liste. Du konntest bisher nicht tanzen und bist jetzt in der Lage, dich im Walzergrundschritt im Kreise zu drehen? Dann schreib es auf. Du hast dich bisher immer davor gefürchtet, in einem Meeting etwas zu sagen, und warst immer schweigend dabei gesessen? Letzte Woche aber hast du dich zu Wort gemeldet, um an einen Tagesordnungspunkt zu erinnern? Gratuliere, du hast dir den Mut gefasst und darauf kannst du aufbauen.

Ändere deinen Blick

Schau deine Liste genau an, finde heraus, was du gut kannst und was du liebst. Dann fokussiere dich darauf und baue diese Fähigkeiten weiter aus. Das bist du!

Der Blick der anderen

Bitten dich deine Freunde oder dein berufliches oder privates Umfeld öfter um Rat? Das weist darauf hin, dass sie genau hier deine Stärken sehen. Noch mehr Hinweise bekommst du, wenn du sie selbst danach fragst, was dich in ihren Augen im Besonderen ausmacht. Sie werden vielleicht sogar Fähigkeiten und Eigenschaften erwähnen, an die du nie gedacht hast.

Halte deine Liste griffbereit

Auch wenn du viele Stärken hast, wird dir immer einmal wieder ein Fehler unterlaufen. Du hast vergessen, jemanden zurückzurufen, in deinem Text fehlen die richtigen Satzzeichen, du hast eine falsche Entscheidung getroffen. Wichtig ist jetzt, dich nicht im Gesamten schlecht zu finden, sondern zu erkennen, dass EINE Sache falsch gelaufen ist. Das wird dir am leichtesten bewusst, wenn du deine Stärkenliste wieder zur Hand nimmst und erkennst: „O.k., das ist falsch gelaufen, da muss ich noch was lernen, doch ich kann und weiß auch schon ganz viel.

Sei stolz auf dich

Bist du geprägt vom Satz „Eigenlob stinkt."? Dann streich ihn. Anzuerkennen und stolz darauf zu sein, was dich im Positiven ausmacht, ist die Grundvoraussetzung für deine emotionale Gesundheit. Wenn du dich selbst nicht lobst, machst du dich abhängig von der Bewertung anderer. Das setzt dich unter Druck, du hungerst nach Resonanz und bist unglücklich, wenn sie nicht kommt. Und dein Streben nach Perfektionismus wächst. Sei stolz darauf, was du schon alles geschafft hast in deinem Leben, welche Hürden du überwunden hast, welche Aufgaben du gemeistert hast.

Stolz kannst du sein, wenn du mit einer Situation, einem Ergebnis deines Handels zufrieden bist. Mach eine Gewohnheit daraus, diese Fortschritte gedanklich in Worte zu formen: „Ich habe das Fest organisiert. Das ist mir wirklich gelungen" oder „Ich habe das Kundengespräch geführt und einen super Abschluss erzielt." Sollte es dir schwer fallen, dich selbst anzusprechen, dann formuliere es so, als ob du eine Freundin, einen Freund loben wollest. „Das ist dir wirklich gelungen" oder „Das hast du echt gut gemacht". Im Laufe der Zeit wird dieser innere Dialog mehr und mehr zur Routine, dein Selbstwertgefühl wächst.

Steh zu deinen Fehlern

Fehler unterlaufen jedem, mal öfter, mal seltener. Das ist kein Grund, an sich zu zweifeln. Im Gegenteil, Fehler sind eine Chance. Und zwar dann, wenn du darauf einen positiven Blick wirfst. Frag dich, was du bei dieser Aufgabe verbessern und lernen kannst. Werde kreativ und probiere neue Wege aus. Wenn der eine nicht klappt, dann nimm den nächsten. So werden Fehler Bausteine zu deiner Weiterentwicklung.

Das funktioniert auch, wenn du kritisiert wirst. Ist Kritik ehrlich gemeint ist, beschreibt sie einen aktuellen konkreten Fehler. Dann überlege, wie du ihn ausmerzen kannst. Mit deiner verbalen Reaktion zeigst du außerdem, dass solche Worte dich darauf aufmerksam machen, etwas zu korrigieren, du aber dich immer noch stark und anerkannt fühlst. „Stimmt, da habe ich ein Detail vergessen. Doch ich bin froh, die Präsentation in der kurzen Zeit überhaupt fertig bekommen zu haben.

Wertet dich Kritik als Ganzes ab, dann arbeite das Kapitel „Mit Kritik umgehen" durch, um sie richtig einzuordnen und angemessen darauf zu reagieren.

Sprich positiv über dich

Besonders Frauen reden nicht gerne über ihre Erfolge. Und wenn, dann sind sie oft zu bescheiden. Sie möchten keinen Neid wecken. Männer hingegen fällt es in der Regel leichter, darüber zu sprechen, was ihnen gelungen ist. Doch manches Mal leider in einer Weise, in der sich das Gegenüber klein fühlt. Das heißt, für beide Seiten gibt es etwas zu lernen.

Grundsätzlich ist es richtig und wichtig zu erwähnen, was du geleistet hast. Verwende dazu positive Wörter und Formulierungen, die deine Freude und Begeisterung ausdrücken. Zum Beispiel: „Ich bin so froh, dass ich dieses Projekt erfolgreich beendet habe." Gerne kannst du auch erwähnen, wer oder was dich dabei unterstützt hat: „Gut war, dass ich meine Weiterbildung abgeschlossen habe. Dieses Wissen war hilfreich. Die Referenten haben das sehr gut vermittelt." Doch sei nicht prahlerisch und sprich nicht zu oft oder zu lange über deine Erfolge, das schreckt andere ab und lässt dich angeberisch erscheinen. Wenn dir jemand in einem Gespräch von **einem Problem, einer Nie**derlage berichtet, dann höre zu und verzichte darauf, mit deinen Erfolgen dagegen zu halten.

Wenn du gelernt hast, dich im Inneren zu loben, wirst du es auch anderen gegenüber tun können. Je öfter du über deine Erfolge sprichst, desto leichter wird es dir fallen.

Du hast auch Schwächen – na und!

Niemand kann alles, auch du nicht. Einstein war gut in Physik, aber konnte er Trompete spielen? Nein. Marie Curie wurden als einziger Frau zwei Nobelpreise verliehen, doch ob sie in der Lage war, einen Roman zu schreiben? Vermutlich nicht. Beide haben sich das aber nicht vorgeworfen. Sie haben sich auf das konzentriert, was sie am besten konnten.

Wenn du Schwächen an dir erkennst, dann prüfe nach, ob du sie ausmerzen kannst und vor allem, ob du das auch willst. Mit viel Energie wärst du sicher in der Lage, die eine oder andere Schwäche zu bearbeiten, doch frag dich, ob du deine Zeit nicht besser in andere Ziele steckst. Es könnte auch sein, dass dir die körperliche Kraft, die finanziellen Ressourcen oder gar die Möglichkeit fehlen, die Dinge überhaupt in Angriff zu nehmen. Mit dieser Klarheit lernst du, deine Schwächen zu akzeptieren und sie nicht zu verstecken. Und das wiederum macht dich sympathisch. Sie sind da, die Schwächen, sie gehören zu dir. Doch sie schmälern nicht deinen Wert.

Vergleich dich – Vergleich dich nicht

Vergleichen gehört heute zu unserem Leben. Schon in der Schule erfahren wir, wer bessere Noten hat, als Erwachsene sehen wir das größere Auto des Nachbarn, hören von deren Fernreisen oder den neuesten Beförderungen. Auf der anderen Seite blicken Kinderlose traurig auf die muntere Rasselbande ihrer Freunde, empfinden an uns, wonach sie schauen. Vergleichen wir uns mit solchen, die mehr können, mehr haben, dann nagt das an unserem Selbstwertgefühl. Es sei denn, wir finden in ihnen ein Vorbild, dem wir nacheifern möchten, um einen ähnlichen oder sogar gleichen Stand zu erreichen.

Was du tun kannst

Je nachdem, wie du das aufnimmst, können negative Vergleiche dein Selbstbewusstsein und dein Urteilsvermögen untergraben oder zurechtrücken. Wenn du denkst: *„Ich will genauso gut sein wie Anna, deshalb werde ich mich anstrengen"*, ist der Vergleich motivierend. Wenn du aber denkst: *„Ich werde nie so gut sein wie Anna, deshalb hat es gar keinen Sinn, sich anzustrengen"*, wird der Vergleich zum Hindernis.

Wenn die Königin im Märchen selbstbewusst genug gewesen wäre, sich zu sagen, *„Gut, ich bin immer noch eine der beiden Schönsten im Land und das ist schließlich nicht schlecht"*, hätte sie sich viel Kummer erspart. Wenn sie gesagt hätte: *„Gut, das ist die Meinung des Spiegels, aber ich stimme dem nicht zu"*, hätte sie weiter glücklich leben können und sich über all die Bewunderung freuen, die man ihr dennoch entgegengebracht hätte.

Je mehr du danach schaust, was andere besser können als du, desto unsicherer wirst du dich fühlen. Und am Ende gibst du alle Ziele auf, weil du denkst, das schaffe ich sowieso nicht. Werde dir also bewusst, welche Vergleiche dein Leben prägen. Mit wem oder was vergleichst du dich und welche Wirkung hat das? Gegen negative Vergleiche kannst du dich wappnen, die positiven stärken dein Selbstwertgefühl und zeigen dir den Weg zu eigenem Wachstum und neuen Zielen.

Mit wem vergleichst du dich?

Bitte stelle dir folgende Fragen und notiere deine Antworten

- Auf was achte ich besonders häufig?
- Wie korrekt ist dieser Vergleich?
- Was weiß ich wirklich über diese Person und was glaube ich zu wissen?
- Schließe ich von einer Tatsache, die ich über eine Person weiß, auf deren gesamtes Leben?
- Sind Leute, die Erfolg haben, wirklich immer glücklich? Oder könnte es nicht auch sein, dass sie Geld verloren haben, krank sind oder geschieden?

Was lernst du durch solche Fragen über dich? Vermutlich wirst du dich schon von einer Reihe von Vergleichen verabschieden können. Lebensumstände, finanzielle Möglichkeiten, Gesundheit, das familiäre Umfeld, die persönlichen Eigenschaften und Stärken sind so verschieden, dass ein Vergleich immer zum Problem wird, so lange du nichts über diese Zusammenhänge erfährst und diese nicht mit einbeziehst. Und jetzt lass schauen, was du tun kannst, um die negative Gedankenspirale zu durchbrechen.

Leid entsteht durch permanentes Vergleichen

Was geht dir durch den Kopf, wenn du hörst, dass eine andere Person etwas geschafft hat, was du auch erreichen möchtest? Wirst du neidisch? Oder haderst du mit dir, weil du noch nicht an diesem Punkt bist? Oder denkst du, diese Person hat einfach Glück gehabt? So viele Gedanken du dir auch machst, sie werden dir nicht weiterhelfen. Notiere, was du in solchen Situationen denkst.

Die ungesunde Richtung des Vergleichs

Es beginnt in der Schule. Wer hat die besseren Noten? Wer springt weiter oder höher? So haben wir gelernt, uns selbst einzuordnen. Wenn du nicht der Klassenprimus bist, führt dieses Vergleichen dazu, dass du dich schlechter fühlst. Trotzdem wirst du vermutlich dieses Vergleichen auch als Erwachsene beibehalten. Wer kleidet sich schicker, hat das größere Auto, kann sich einen teuren Urlaub leisten? Wer hat den Sixpack oder die Bikinifigur?

Das Internet und die „Sozialen" Medien leisten einen großen Beitrag zu deinem Unwohlsein. Hier geht es sogar noch schneller und erbarmungsloser. Die Anzahl deiner Follower, die Likes und Views eines Beitrags sind für alle sichtbar. Auch deine „Freunde" füttern dich mit Bildern, die vielleicht nur einen winzigen Augenblick ihres Lebens abbilden, wenn überhaupt. Vielleicht sind die Aufnahmen auch nur gestellt, um dir und sich selbst eine Realität vorzugaukeln, die es gar nicht gibt. Dazu möchte ich dir eine kleine Geschichte erzählen. Auf meinem Profil tauchte ein Video auf, zwei junge Männer lagen im Liegestuhl lachend in der Sonne am Strand, in der Hand jeweils ein Cocktailglas. Plötzlich fuhr die Kamera zurück und wo lagen sie? Auf dem Sandhaufen einer Baustelle. Das sind die Bilder, die uns die Sozialen Medien liefern.

Jeder kann was anderes.
Was kannst du?

Solche Vergleiche führen zu Neid, zu ungesundem Leistungsdruck und manchmal sogar in eine Depression. Du wirst dich als Betroffene, als Versagerin fühlen und glauben, dass du nichts kannst und nichts wert bist. Deshalb höre damit auf.

Ein anderer Aspekt des Vergleichs

Mach dir bewusst, welchen Preis jemand bezahlen musste und auch noch muss, um so erfolgreich zu sein. Dann kannst du abschätzen, ob du das wirklich willst. Ein gefeierter Musiker hat garantiert als Kind angefangen zu spielen und täglich viele, viele Stunden geübt. Für ihn gab es keine Tobereien mit Freunden im Schwimmbad, keine ausu-

fernde Party. Heute lebt er in Hotels, weil der ständig auf Tournee ist, er ist überall „zu Hause". Würdest du das wollen?
Ein Mann mit Sixpack hat seinen Körper zum Lebensinhalt gemacht, seine Welt ist das Fitnessstudio. Er verzichtet auf Genuss, konsumiert stattdessen vielleicht Dinge, die ihm auf Dauer nicht gut tun. Er lebt nicht entspannt, sondern unter dem Druck, das Erreichte verbessern oder zumindest erhalten zu müssen. Würdest du das wollen?

Was würdest du für dieses Ziel aufzugeben?

Sagst du: *„Ich möchte zwar den Job haben wie meine Nachbarin, aber ich bin nicht bereit, jede zweite Woche auf Dienstreise zu gehen?"* Wenn du nichts aufgeben willst, um zu bekommen, was du willst, dann wundere dich nicht, wenn du es nicht bekommst. Es ist deine Entscheidung.

Der gute Vergleich

Vergleiche können beflügeln, anregen, Beispiel sein. Durch Vorbilder lernen wir, wie wir erreichen können, was wir anstreben und auf welchem Weg. Vorbilder machen Mut, vor allem, wenn wir erfahren, dass ihr Weg nicht gradlinig zum Ziel geführt hat, sondern Rückschläge und Neuanfänge auch für sie dazu gehörten. Doch um das zu erfahren, reicht es in der Regel nicht, die Berichte in den Medien zu lesen. Die ganze Geschichte von Künstlern und Künstlerinnen, und solchen, die in anderen Bereichen hoch hinaus gekommen sind, erfährst du meist erst in deren Biographien. Lies sie, das wird dir Mut machen. Im direkten Kontakt werden uns Vorbilder unterstützen. Wirkliche Vorbilder sind Mentoren, die deine Möglichkeiten sehen und dir helfen, diese zu starken.

Vergleiche können dankbar machen. Wenn wir von Menschen hören oder lesen, die eine schwierige Lebenssituation durchzustehen haben, die ihre Arbeit verloren haben oder einen nahen Menschen, über die von eine Naturkatastrophe hereingebrochen ist oder kriegerische Auseinandersetzungen, öffnet das den Blick auf die Schätze unseres eigenen Lebens. Ändere deinen Blickwinkel. Deine Freundin kann die tollsten Torten backen? Na und? Du hast stattdessen einen grünen Daumen oder beherrscht Photoshop.

Vergleiche dich mit deinem früheren Ich

Angenommen, du möchtest lernen, vor einem großen Publikum auf der Bühne zu sprechen. Heute schaffst du das vor 15 Zuhörern. Und das ohne übersteigertes Lampenfieder: Ein bisschen muss schon sein, sonst bist du nicht zu Leistung fähig. Das wissen besonders die Sportler. Ein Hochspringer würde die Latte garantiert reißen, liefe er ohne Spannung an. Noch kannst du deinen Vortrag zwar noch nicht, so wie du träumst, vor 500 Menschen halten. Doch wo warst du vor zwei Monaten, einem halben Jahr? Wenn du dir bewusst machst, welchen Weg du schon zurückgelegt hast, wird das dein Selbstwertgefühl und dein Durchhaltevermögen steigern.

Beginne, wo du heute bist, und notiere deine Fortschritte. Wo warst du vor einem halben Jahr, wo bist du heute? Sei stolz auf das, was du selbst schon erreicht hast. Notiere auch, mit welchen Schritten du es geschafft hast. Du musstest Rückschläge verkraften? Schreib auch das auf. So lernst du, wie du weitergehen.
Sei geduldig mit dir, wenn es mal nicht so läuft. Du weißt: Das haben die ganz Großen meist auch erlebt. Und das sagt der Vergleich.
Entscheide selbst, worauf du stolz bist, weil eine Eigenschaft, das Aussehen zu dir gehört und wo der Vergleich dich anspornt, dich weiterzuentwickeln.

Hol die Meinung anderer ein

Wenn du nicht sicher bist, ob deine eigene Einschätzung stimmt, könntest du auch jemanden anderen um Rückmeldung bitten. Dazu braucht es aber einen offenen, ehrlichen Blick und kein Schönreden, nur damit du zufrieden bist. Wenn die Rückmeldung positiv ausfällt, dann nimm sie an. Ist es negativ oder zumindest kritisch, dann akzeptiere es ohne Protest, sonst wirst du vermutlich nie wieder eine ehrliche Meinung bekommen.

Und jetzt wird es ernst

Überlege, was du gerne erreichen möchtest. Beschreibe dein Ziel genau. Wähle eine positive Formulierung, ohne nein und vielleicht. Spüre nach: Wie fühlt es sich an, wenn du deine Worte liest? Willst du gleich loslegen oder kommen dir Bedenken?

Wenn du große Lust und das Selbstvertrauen hast, dein Projekt anzugehen, dann hol dir noch mehr Unterstützung in den Kapiteln „Ziele erreichen" und „Ziele visualisieren". Hast du aber Bedenken, ob du in der Lage bist, deine Pläne in die Tat umzusetzen, dann lies das Kapitel „Immer dieser Zweifel" und lerne, die deinen auszuräumen.

Was einer wirklich besitzt ist das, was in ihm steckt.
Was um ihn herum ist, sollte nicht von Bedeutung sein.
Oscar Wilde

Deine Werte

Tust du oft Dinge, weil alle anderen sie auch tun oder schaukelst du gar wie ein ruderloses Segelboot auf dem offenen Meer und treibst irgendwie hin? Hast du schon viele deiner Pläne und Projekte gestrichen, weil sie von deinem Umfeld kritisiert und für nicht gut befunden wurden? Oder bist du womöglich schon viele Kompromisse eingegangen, die du hinterher bereut hast? Dann solltest du dich unbedingt mit deinen Werten auseinandersetzen, denn Werte sind dein Kompass, deine Richtschnur. Sie prägen dein Leben.

Der Hintergrund

Jeder hat persönliche Werte. Werte sind die Überzeugungen und Eigenschaften, die wir für wichtig halten und nach denen wir leben wollen. Werte beeinflussen unsere Entscheidungen, unser Denken und unser Handeln. Sie helfen uns zu wachsen und uns zu entwickeln. Basierend auf unseren Werten gestalten wir eine Zukunft, ein erfülltes Leben, ganz so, wie wir es uns wünschen. Das betrifft nicht nur das Berufsleben, sondern alle Bereiche: Mit welchen Menschen wir uns verbinden und wie wir mit ihnen interagieren, wofür wir unsere Zeit und unser Geld einsetzen, wie wir für uns selbst sorgen. Wenn wir uns unserer Werte bewusst werden, sind wir nicht länger bereit, unsere Bedürfnisse zu ignorieren. Wir lassen uns weniger von der Außenwelt beeinflussen und treffen seltener Entscheidungen, die wir später bereuen oder die uns sogar verletzen. Denn wenn wir uns immer wieder gegen unsere Werte entscheiden, verlieren wir das Vertrauen in unsere eigenen Überzeugungen und unser Handeln. Das hat zur Folge, dass wir uns selbst kritischer beurteilen und weniger stolz sind auf uns.

Was du tun kannst
Werde dir deiner Werte bewusst

Am Ende dieses Kapitels findest du eine Liste von Werten, die für Menschen weltweit wichtig sind. Welchen misst eine besondere Bedeutung zu? Markiere diejenigen, die dich am meisten ansprechen. Sie bilden deinen inneren Kompass und sind die Grundlage deines Handelns. In der Regel gehören nur eine Handvoll, also rund fünf, dazu. Ordne sie dann nach Prioritäten. Welcher Wert ist für dich der Wichtigste, welche kommen danach? Werte können sich im Laufe deines Lebens ändern. Deshalb nimm dir deine Liste immer mal vor und passe sie, wenn nötig, an.

Dein Lebensstil gibt dir Hinweise

* Wofür wendest du am meisten Zeit und Energie auf?
* Wofür gibst du Geld aus?
* Welche Menschen triffst du am liebsten?
* In welchen Momenten warst du stolz auf dich?
* Welche Kompromisse gehst du ungern ein?
* Was löst Stress bei dir aus?
* In welchen Situationen kommst du mit anderen Menschen in Konflikt?
* Was tust du jeden Tag gerne, einfach so, ohne es zu müssen?
* Welchen Eindruck oder welche Botschaft möchtest du anderen hinterlassen?
* Was bedeutet „Erfolg" für dich?
* Wann fühlst du dich wirklich „reich", ob emotional, finanziell oder geistig?
* Welches Lebensziel strebst du an?
* Was würdest du sehr vermissen, wenn es dies in deinem Leben nicht mehr gäbe?

Hol dir Feedback von anderen

Oft gibt es Unterschiede zwischen dem Bild, das wir von uns selbst haben, und dem Bild, das andere von uns sehen. Wenn du weißt, wie andere dich wahrnehmen, kannst du überprüfen, ob du die Werte, die dir wichtig sind, auch wirklich ausstrahlst. Auf der anderen Seite gehen uns Handlungen so sehr in Fleisch und Blut über, dass uns gar nicht mehr bewusst ist, welche Werte ihnen zugrunde liegen. Ein Abgleich zwischen Selbstbild und Fremdbild schafft Klarheit darüber, ob und wie deine Werte für andere sichtbar werden und du sie selbst erkennst. Frage deshalb Menschen, die dich gut kennen, also Freunde und Familienmitglieder, welche Werte sie bei dir wahrnehmen und vergleiche sie mit deinen Vorstellungen.

Erstelle dein Werte-Rad

Notiere deine wichtigsten Werte (denk daran: nur ungefähr fünf) auf und beschreibe bei jedem Wert dazu, an welchen Handlungsweise er zu erkennen ist. Zum Beispiel:

Ehrlichkeit:
Ich teile meine Gedanken offen und respektvoll.
Ich bin bereit und in der Lage, Fehler und Schwächen zuzugeben.
Ich halte mein Wort und sage ehrlich, wenn ich etwas nicht halten kann.
Ich gebe offenes und konstruktives Feedback.
Ich nehme konstruktive Kritik an.
Ich manipuliere nicht, um meine Ziele zu erreichen.

Solidarität:
Ich unterstütze andere in ihrem Tun.
Ich bin bereit, meine Zeit und mein Wissen mit anderen zu teilen.
Ich setze mich für Fairness und Gerechtigkeit ein, auch wenn es mich selbst nicht direkt betrifft.
Ich stehe Menschen in meinem Umfeld zur Seite, wenn sie Hilfe brauchen.
Ich helfe anderen, auch ohne eine Gegenleistung zu erwarten.
Ich zeige Mitgefühl und nehme andere ernst.

Dieses Werte-Rad hilft dir, deine eigenen Werte in den unterschiedlichsten Situationen zu leben und an ihnen festzuhalten.

Was brauchst du, um dich wohlzufühlen?

Vermutlich sind deine Tage mit Aufgaben und Verpflichtungen ausgefüllt und du bist froh, einigermaßen über die Runden zu kommen. Dennoch ist es wichtig, kleine Zeitfenster einzuplanen und vor allem auch einzuhalten, die dir das Gefühl geben, dir selbst auch wichtig zu sein. Welche Wünsche hast du?

Wie kannst du für dich sorgen? Welche Bereiche sind dir das besonders wichtig?

Brauchst du Ruhe und Entspannung?

Wie wäre es, vor dem Schlafengehen eine Kerze anzuzünden, deine Lieblingsmusik zu hören oder dir zehn bewusste Atemzüge am offenen Fenster zu gönnen.

Möchtest du mehr Bewegung?

Du könntest auf dem Nachhauseweg einen kurzen Stopp machen und eine Runde zu Fuß gehen. Oder dir anhand einer App ein paar Gymnastikübungen zusammenstellen und die dann aber auch machen. Bei weniger Zeit dann eben nur einige davon.

Sehnst du dich nach Kontakt mit anderen?

Wie wäre es, mit einer Freundin oder jemanden aus der Familie ein kurzes regelmäßiges Telefonat zu auszumachen? Wenn die Kinder im Bett sind zum Beispiel. Vielleicht reicht es auch nur für eine Sprachnachricht, für die ihr eine Reaktion vereinbart.

Wünschst du dir eine kreative Auszeit?

Du träumst davon, dein Instrument wieder einmal in die Hand zu nehmen? Dazu brauchst du keine Stunde, spiel 10 Minuten. Doch das dafür öfter. Oder du möchtest endlich mal wieder malen? Mit Stiften kannst du überall beginnen. Noch leichter ist es allerdings, wenn du deine Materialien zusammenpackst, um sofort am Küchentisch oder im Wohnzimmer zu starten.

Du willst dazulernen?

Ein Buch kannst du auch in Häppchen lesen. Such dir aus, was dir gefällt und starte. Oder wähle eine wirklich spannende Dokumentation oder eine Radiosendung und höre sie an.

Du bist immer noch skeptisch, ob du für dein Wohlfühlen Zeit hast?

Dann schau genau hin, wieviel Zeit du verschwendest, indem du in den Sozialen Medien scrollst, Filme guckst, die dir nichts bringen oder im Online-Shoppen ewig nach den passenden oder auch billigeren Angeboten suchst. Dann du wirst du merken: Du hast mehr Zeit für dein Wohlfühlen als du dachtest und das kleine Zeitfenster, das du dir eingeplant hast, wird größer. Einfach, weil deine Aktivitäten dir Spaß machen.

Fürsorge ist uns das Wichtigste

Verinnerliche deine Werte

Um dich noch mehr mit deinen Werten zu verbinden, hilft, sie regelmäßig zum Thema einer Meditation zu machen. Setze dich in eine ruhige, entspannte Position. Wähle einen Wert aus und schließe die Augen. Visualisiere, wie es sich anfühlt, diesen Wert in dir zu spüren und zu leben. Stelle dir vor, wie du diesen Wert in deinem Leben ausdrückst und wie das dein Umfeld beeinflusst. Diese Meditation kann

37

helfen, die Werte tiefer zu verankern und mit positiven Emotionen zu verbinden. Vielleicht magst du danach die Gedanken und Vorstellungen, die während der Meditation aufkamen, notieren, um dich so noch mehr mit ihnen zu verbinden.

Setze tägliche Mini-Handlungen um

Lerne mehr und mehr, deine Werte in kleinen, täglichen Schritte umzusetzen. Überlege dir deshalb für jeden Wert eine kleine tägliche Handlung. Beispiel: Wenn „Freundlichkeit" für dich ein wichtiger Wert ist, versuche jeden Tag, mindestens einer Person ein ehrliches Kompliment zu machen. Steht wenn „Durchhaltevermögen" für dich ganz oben, dann gehe jeden Tag einen noch so kleinen Schritt, um dein Ziel zu erreichen. Hat „Kreativität" für dich einen hohen Wert, dann gönne dir täglich eine kleine Auszeit, und wenn es nur wenige Minuten sind, um sie auszuleben. Diese Mini-Handlungen schaffen Routinen und bringen dich mehr und mehr dazu, deine Werte im Alltag aktiv zu leben.

Und danach: Dein Wochen-Check

Schreibe für eine Woche jeden Abend auf, in welchen Situationen du deine Werte gelebt hast. Durch diese täglichen kleinen Schritte lernst du mehr und mehr, in Richtung eines authentischen Lebens zu gehen.

- Was hast du gut gemacht?
- Was möchtest du am nächsten Tag anders machen?
- Was hat dich gehindert, so zu handeln wie du es wolltest?
- Wo gab es Konflikte?

Lass das Ergebnis deines Wochen-Checks wieder in die Übung Mini-Handlungen einfließen. So wirst du wachsen. Tag für Tag.

Eine besondere Geschichte

In einer Vorlesung hält ein Dozent einen 50-Euro-Geldschein hoch und fragt seine Studenten, wer den Schein haben möchte. Alle heben den Arm hoch.

Der Professor zerknüllt daraufhin den Geldschein und stellt erneut die gleiche Frage. Wieder melden sich alle Studenten im Saal.

Daraufhin nimmt der Professor den Schein, wirft ihn auf den Boden und stampft mit seinen Schuhen darauf. Wieder wollen alle die 50 Euro haben.

Er wirft den Schein in den Dreck und tritt noch einmal darauf herum. Anschließend hebt er den schmutzigen und zerknüllten Geldschein auf, hält ihn in die Luft und fragt wieder seine Studenten, wer denn nun das Geld noch haben möchte. Wieder gehen alle Hände in die Höhe.

Der Professor erklärt danach seinen Studenten: „Obwohl der Geldschein jetzt nicht mehr neu, sondern sogar schmutzig und zerknüllt ist, hat er noch immer seinen Wert und Sie haben das alle erkannt.

Genauso wie mit dem 50-Euro-Schein ist es mit dem Selbstwert. Egal, was uns im Leben widerfährt, egal ob andere auf uns herumtrampeln oder uns durch den Dreck ziehen, wir haben immer den gleichen Wert. Wir sind immer gleich wertvoll, unabhängig davon, was andere mit uns machen!"

Der Wert des Menschen ist wertvoll zu sein. Mache dir bewusst, egal, was dir passiert, du bist wertvoll, einzigartig, liebenswert und genau richtig. Auch wenn du gedemütigt wurdest, wenn du verlassen wurdest, wenn über dich geredet wird. Selbst, wenn du einen Fehler gemacht hast oder du dich noch nie wertvoll gefühlt hast – vergiss nie:

Du bist wertvoll!
Du bist einzigartig!
Du bist liebenswert

Eine Werteliste

Hier eine Liste von Werten, die für Menschen weltweit wichtig sind. Welchen misst eine besondere Bedeutung zu? Markiere diejenigen, die dich am meisten ansprechen. Sie bilden deinen inneren Kompass und sind die Grundlage deines Handelns. In der Regel gehören nur eine Handvoll, also rund fünf. Überlege, ob es Werte gibt, die dir wichtiger sind als andere und ordne sie nach Priorität. Werte können sich im Laufe deines Lebens ändern. Schau dir deshalb deine Liste immer mal wieder an.

Achtsamkeit
Akzeptanz
Altruismus
Autonomie
Bescheidenheit
Dankbarkeit
Demut
Durchhaltevermögen
Ehrgeiz
Ehrlichkeit
Einfühlungsvermögen
Eigenverantwortung
Engagement
Fairness
Freiheit
Freude
Freundschaft
Fürsorge
Gelassenheit
Gemeinschaft
Gerechtigkeit
Gesundheit
Großzügigkeit
Harmonie
Hilfsbereitschaft
Hoffnung
Humor
Integrität
Intuition

Klarheit
Kreativität
Liebe
Loyalität
Mitgefühl
Mut
Neugier
Optimismus
Ordnung
Respekt
Selbstdisziplin
Selbstvertrauen
Sicherheit
Sinnhaftigkeit
Solidarität
Spiritualität
Stärke
Toleranz
Tradition
Treue
Verantwortung
Vergebung
Vertrauen
Weisheit
Wertschätzung
Würde
Zuverlässigkeit

Wenn ein Mensch nicht weiß, welchen Hafen er ansteuert,
ist kein Wind der richtige Wind.

Was ist dein Ziel?

Hast du das vorangegange Kapitel gelesen und dir erlaubt, von deinem besten Leben zu träumen? Dann werde jetzt aktiv! Denn solange es nur Träume sind, wird nichts passieren. Und es wäre doch schade, wenn du irgendwann sagen müsstest, „Ich hätte es doch angehen sollen." Ein Traum regt dich dazu, etwas zu erreichen und dafür du bereit bist, dich anzustrengen, deine Zeit zu investieren.

Der Hintergrund

Wir alle tragen Träume in uns. Oft halten wir sie für unerreichbar, für verrückt, für Träume eben. Oder wir glauben, es uns zeitlich oder finanziell nicht leisten zu können. Und so ist nie der richtige Zeitpunkt, sie in die Tat umzusetzen. Warum aber schaffen es manche Menschen trotz aller Widerstände, ihren Träumen zu folgen?

Diese Menschen lassen ihre Träume zu, sie schreiben sie auf und erzählen anderen davon. Das erhöht die Chance, dass sie wahr werden, deutlich. Und sie sagen nicht: „Ich könnte, ich würde, ich hätte." Denn dann bliebe es beim Wunsch, beim Tagtraum. Sie ersetzen diese Worte mit Formulierungen wie: Ich bin bereit. Ich werde. Ich mache. Ich gehe diesen Weg. Dann bekommt der Traum eine andere Bedeutung. Sie nehmen ihn ernst.

Das Verwandeln von Träumen in Zielen ist ein kraftvoller Prozess, der dich nicht nur auf den Weg zu deinen Träumen bringt. Wenn du die richtigen Werkzeuge und die passende Struktur einsetzt, wird es dir gelingen, deine Träume tatsächlich zu verwirklichen. Du beschreibst sie konkret, teilst den Weg in erreichbare Etappenziele ein, und hast so einen umsetzbaren Plan, der dich zu einem erfüllten und glücklichen Leben führt.

Wovon träumst du?

Manche Träume lassen ein einzelnes großes Ziel vor deinen Augen entstehen, andere wiederum umfassen viele unterschiedliche Facetten, die sich nicht alle auf einmal umsetzen lassen. Doch statt allen gleichzeitig hinterherzulaufen und irgendwann frustriert ausgeben, konzentrierst du dich besser auf eine Sache und nimmst dir erst dann, wenn du eines deiner Ziele erreicht hast, das nächste vor. Der nächste Schritt ist also, aus deinen Träumen konkrete Ziele zu machen. Es kann sein, dass das eine lange Liste wird oder aber, dass du merkst, dein großes Ziel lässt sich in mehrere aufteilen.

Meiner Erfahrung nach ist es für viele Menschen eine große Herausforderung, zu sagen, was sie wollen. Sehr viel leichter ist es für sie, zu sagen, was sie nicht wollen. Vielleicht geht es dir auch so. Wenn du sagst „ich möchte nicht mehr einsam sein", dann wäre das so, als ob du am Bahnhof eine Fahrkarte lösen möchtest mit den Worten „Ich möchte nicht nach Kiel."

Was also willst du? Eine große Reise oder eine Reise ans Nordkap, um die Mittsommernacht zu erleben? Raum schaffen für deine handwerklichen Arbeiten oder die Scheune dafür umbauen? Mit deiner Familie in Frieden leben oder sich endlich mit deiner Schwester aussöhnen? Je konkreter du wirst, umso klarer entstehen die einzelnen Schritte vor deinen Augen. Daraus lässt sich dann ein Plan entwickeln, der lockt, umgesetzt zu werden.

Entspricht das Ziel deinen Werten?

Achte darauf, ob deine Ziele mit deinen Werten verbunden sind. Denn wenn du etwas erreichen möchtest, was deinen Werten zuwider läuft, wird dein Unbewusstes dagegen steuern. Es wird verhindern, dass du überhaupt anfängst und erfolgreich sein wirst. Deine Werte werden bestimmt durch deine Eltern, dein Umfeld und auch durch deine eigenen Lebenserfahrungen. Sie bestimmen dein Denken und Handeln und sind deine beste Motivationsquelle.

Frag dich also, was dir im Leben wichtig ist, ohne was du nicht leben kannst. Wenn dir das nicht bewusst ist, dann arbeite die Kapitel Glaubenssätze und Werte durch, falls du das noch nicht gemacht hast. So erreichst du Klarheit und kannst prüfen, ob das, was du willst, tatsächlich mit deinen Werten übereinstimmt.

Wenn dir z.B. Freiheit sehr wichtig ist, dann passt ein Job, in dem genau vorgegebene Aufgaben zu bestimmten Zeiten erledigen musst, nicht zu dir. Brauchst du auf jeden Fall Sicherheit, dann wirst du lieber eine Reise buchen, bei der alles geregelt ist und du wirst nicht auf eigene Faust um die Welt fahren wollen.

In Gedanken schon am Ziel

Angenommen, es steht eine wichtige Präsentation an. Was du jetzt nicht denken solltest „Oje, das klappt wohl nicht!" „Hoffentlich verliere ich nicht den Faden!" „Was der Chef wohl davon hält?" Stell dir stattdessen vor, wie deine Präsentation positiv verläuft: Du stehst vor deinem Publikum, siehst die freundlich gestimmten Gesichter, spürst, wie du selbstbewusst deine Worte wählst, den roten Faden behältst und am Ende mit Applaus und positiven Kommentaren bedacht wirst. Konzentriere dich auf Details. Lass diese Vorstellung immer wieder vor deinem geistigen Auge ablaufen.

Diese positive Vorstellung kannst du immer anwenden, ganz gleich, um welches Ziel es sich handelt. Sie stärkt dein Selbstvertrauen und wird dich garantiert zu besseren Ergebnissen führen.

Deine Wege zum Ziel

Ein Ziel ist oft schnell definiert, genauso rasch wird auch eine Möglichkeit gefunden, wie es erreicht werden könnte. Doch die erste Idee ist nicht immer die sinnvollste und erfolgversprechendste.

Besser ist es, verschiedene Ideen zu sammeln. Mach also ein Brainstorming, d.h. schreib alle Wege auf, die dir einfallen und bring deinen inneren Kritiker zum Schweigen. Denn der will dir sofort ausreden, dass der eine oder andere Weg sowieso nicht klappt. „Das ist viel zu kompliziert." Das traust du dich sowieso nicht." „Das haben andere schon probiert, geht nicht."

Der Vorteil, viele Wege zum Ziel zu kennen, ist, nicht beim ersten Fehlschlag aufgeben. Du wirst nicht sagen, „Ich schaff das nicht.", sondern lediglich feststellen, „So geht es nicht" und einen neuen, einen anderen Anlauf nehmen.

Deine Auswahlkriterien

Um herauszufinden, mit welchem Weg du starten willst, werden dir folgende Fragen helfen:

- Wie hoch ist der Zeitaufwand der Umsetzung?
- Wie groß ist die Erfolgswahrscheinlichkeit?
- Braucht es besondere Hilfsmittel und Ressourcen? Sind diese verfügbar?
- Wie hoch sind die Kosten, die damit verbunden sind?
- Mit welchen Hindernissen muss ich rechnen? Wie kann ich sie überwinden? ?
- Was macht mir am meisten Spaß?

Der Weg

Wenn du dein Ziel festgelegt hast, dann bestimme die Schritte, die dich zum Erfolg führen. Damit meine ich nicht große Sprünge, denn diese würden viel Energie, die Zeit und vor allem viel Mut erfordern. Stell dir vor, dein Ziel ist es, einen Berg zu besteigen. Du gehst los, doch unterwegs kommst du außer Atem und deine Füße schmerzen. Du schaust nach oben zum Gipfelkreuz, das noch weit entfernt ist und denkst vermutlich „Das schaffe ich nie. Dazu habe ich keine Kraft." Und gibst auf.

Überlege stattdessen, mit welchen kleinen Schritten du den Weg gehen wirst. Denn wenn du einzelne, machbare Etappen beschreibst, um den Gipfel zu erreichen, kannst du nach jeder geschafften Etappe stolz auf dich sein, dir auf die Schulter klopfen und sagen „Morgen geht es weiter, das nächste Stück bewältige ich auch."

Welches also sind deine Etappenziele? Beschreibe sie genau. Angenommen, du willst einen Garten anlegen, dann machst du zuerst eine Zeichnung, überlegst, wo die Beete angelegt werden, wo Rasen sein soll und ob du vielleicht sogar einen Teich möchtest. Informiere dich, welche Pflanzen und Gemüsesorten Sonne brauchen und welche Schatten und welche sich gut miteinander vertragen. Du besorgst dir die nötigen Geräte und dann erst wirst du aktiv. Du bereitest du den Boden vor, hackst ihn auf, befreist ihn von Unkraut und ebnest ein. Mit Schnüren oder dem Gartenschlauch legst du nun die Form der

Beete aus, entscheidest, wo Wege sein sollen. Jetzt geht es ans Pflanzen. Das Tolle ist an diesen Etappen, dass dir noch Ideen beim Tun und Umsetzen kommen. Schau nach getaner Arbeit zufrieden auf dein Werk an und weißt, wie es am nächsten Tag weitergeht.

Ein anderer Weg

Du hast dein Ziel nicht erreicht? Das ist schade, sicher auch ein bisschen frustrierend, doch es bedeutet nicht, dass es nicht doch möglich ist. Es heißt nur, dass der Weg, den du gewählt hast, dich nicht zum Erfolg führen konnte. Dann nimm einen anderen Weg. Das ist ähnlich wie bei einer Wanderung: Du willst den Bach überqueren, in der Landkarte ist eine Brücke eingezeichnet. Doch als du hinkommst, siehst du, sie wurde abgerissen. Jetzt kannst du entscheiden, ob durch das Wasser watest oder du den Bach entlang gehst bis zur nächsten Brücke.

Aus mir wird was Tolles

Lobe dich, feiere deinen Erfolg

Bei jedem Zwischenziel, das du gemeistert hat, darfst du dich loben, dir auf die Schulter klopfen und sagen: „Super, wieder ein Schritt näher am Ziel. Ich freue mich auf die nächste Etappe."

Erzähle auch den Menschen davon, die dich wohlwollend begleiten und die sich mit dir freuen, was du schon geschafft hast. Aber sprich nicht mit Menschen über deine Vorhaben und deine Erfolge, die sich selbst Ziele wie die deinen nicht zutrauen. Sie haben nur mögliche

Probleme, Hürden und Misserfolge im Kopf, die dich verunsichern und dir den Schwung und Mut nehmen.

Es gibt auch Hilfe

Du musst nicht alles alleine machen. Unterstützer, Förderer, Mutmacher sind Gold wert. Auch Menschen, die dieses Ziel schon erreicht haben oder zumindest dir ein paar Schritte voraus sind, sind mit ihren Erfahrungen besonders wertvoll. Frag dich also:

- Wo kann ich das Wissen und die Erfahrung anderer anzapfen?
- Auf welche Hilfen, welche Unterstützung kann ich zurückgreifen?
- Wer kann mir helfen, wenn Schwierigkeiten auftauchen?

Wenn du herausgefunden hast, wer dich unterstützen oder wer dir Informationen und Kontakte geben könnte, dann klopf an. Schreibe eine Mail, suche das persönliche Gespräch. Zögere nicht und plag dich mit dem Gedanken, ob sie dazu bereit wären. In den meisten Fällen wirst du bekommen, was du suchst.

Viel Erfolg!

Und jetzt:

Was hast du ausprobiert?
Welches Ziel hast du geplant und auch erreicht?
Hast du etwas daraus gelernt, was du auch in Zukunft anwenden kannst?
Welches Ziel ist noch offen?
Woran willst du weiterarbeiten?

Es ist nicht zu wenig Zeit, die wir haben,
sondern es ist zu viel Zeit, die wir nicht nutzen.
Lucius Annaeus Seneca

Tu dir gut

Vermutlich bist du stark darin, die Wünsche und Bedürfnisse der Menschen in deinem Umfeld zu erspüren und darauf zu reagieren. Du hörst zu, hilfst, wo du kannst, verschenkst deine Zeit und steckst selbst zurück.

Das wirkt auf den ersten Blick sehr großzügig, hat aber auch auf Dauer negative Folgen für dich. Denn im Stillen hoffst du, die anderen mögen auch dir deine Wünsche von den Augen ablesen und Hilfe anbieten. Je länger aber du darauf wartest und nichts passiert, desto frustrierter wirst du. Bis du irgendwann zu Jammern beginnst: Immer ICH muss alles machen.

Du kannst nur für andere da sein, wenn du zuerst für dich selbst sorgst. Dann hast du die nötige Energie. Warte nicht darauf, dass der Prinz auf einem Schimmel heranreitet und dich fragt, was du brauchst. Du allein spürst, was das ist und du allein kannst deine Bedürfnisse erfüllen. Das nennt man Selbstfürsorge.

Du meinst, du bist egoistisch, wenn du für dein eigenes Wohlbefinden sorgst? Das stimmt nicht.

Denn du kannst anderen nur eine begrenzte Menge an Energie, Konzentration, an Zuhören und Zuwendung schenken. Wenn das ausgeschöpft ist, bist du zu nichts mehr im Stande. Deshalb heißt Selbstfürsorge lediglich, deine eigenen kognitiven und emotionalen Grenzen zu kennen und sie in dem Maße einzusetzen, dass du dich nicht täglich völlig verausgabst.

Gerade, wenn du für deine Mitmenschen da sein möchtest, ist es umso wichtiger, dass du dich auch um dich selbst sorgst! Denn wenn du deine Ressourcen zu sehr beanspruchst, kann das auf deine Gesundheit schlagen. Hörsturz und Burn-Out lassen dann nicht lange auf sich warten. Ganz krass gesagt: Wenn du irgendwann mit einem Burn-Out in Kur musst, dann kannst für ganze sechs Wochen oder länger nicht mehr für deine lieben Arbeitskollegen und Arbeitskolleginnen und deine Familie da sein. Mach stattdessen also lieber rechtzeitig mal eine kleine Pause, um nicht irgendwann mal eine sehr lange Pause nehmen zu müssen. Lade deine Batterien jeden Tag neu auf, damit du nicht irgendwann komplett ausbrennst.

Was du tun kannst
Die Übung Vergnügen

Erstell eine Liste von Dingen, die dir gut tun. Das können Dinge sein, die wenig Zeit brauchen und die nichts kosten, die du also gut in deinen Alltag einbauen kannst. Das können aber auch Dinge sein, für die du mehr Zeit investierst und dafür auch Geld ausgibst. Alles darf auf deine Liste.

Das macht mir Spaß	Das geht nur zu zweit oder auch alleine	Das kostet nichts, wenig oder viel	Das braucht wenig Zeit, mehr Zeit	Das gönne ich mir öfter, ab und zu, selten

Auswertung

Was hast du aufgeschrieben? An welchen Dingen erfreust du dich wirklich? Gibt es Dinge, die du dir selten gönnst oder gar nicht mehr? Aus welchem Grund? Wie könntest du es dennoch schaffen, sie in deine Tage einzuplanen? Brauchst du Ideen für Vergnügen, die du alleine unternehmen kannst? Wann gibst du deine Zeit für etwas, nur weil andere das wollen? Mehr und mehr erkennst du deine Bedürfnisse. Gib ihnen Raum und Zeit. Es ist dein Leben.

Mach einen 15-minütigen Spaziergang

Geh in einen Park, in den Wald oder in ein Viertel, in dem es noch viele Gärten gibt. Geh alleine, lass dein Handy zu Hause oder schalte es zumindest ab. Nimm gedanklich Abstand vom Alltag und allem, was dich im Augenblick beschäftigt oder gar belastet. Schenke deine Aufmerksamkeit den Vogelstimmen, den Blumen und Blättern, die du siehst. Spüre nach, wie gut deinem Körper die Bewegung tut. Schreite aus, lass deine Arme schwingen, atme tief durch und denke: Das ist meine eigene Zeit.

Führe ein wohltuendes Morgenritual ein

Wie du am Morgen in den Tag startest, entscheidet über dein Wohlbefinden. Lass deinen Wecker ein paar Minuten früher klingeln, dehne dich, strecke dich und freu dich drüber, dass du lebst. Stelle dich mental auf den kommenden Tag ein. Statt über mögliche Probleme nachzudenken, mal dir aus, wie du diese lösen wirst. Du stehst vor einem Gespräch mit deinem Chef? Wie könnte es sich zum Guten entwickeln? Regelmäßige positive Selbstgespräche werden dir helfen, dich besser zu fühlen. Und noch etwas: Wenn du dir abends schon vornimmst, womit du dich belohnen möchtest, hast du den ganzen Tag über Vorfreude.

Höre deine Lieblingsmusik

Speichere Lieblingstitel auf deinem Smartphone oder PC ab. Titel, die dich in gute Laune versetzen und die dir helfen, Anspannungen loszulassen. Du hast Lust zu tanzen? Keiner schaut zu, leg einfach los! Schwing nach dem Rhythmus, stampfe auf den Boden, schüttele dich, mach alles, wonach dir der Sinn steht. Danach fühlst du dich ganz bestimmt viel besser.

Gönne dir eine Viertelstunde Nichtstun

Nichtstun? Damit meine ich wirklich „Nichts". Leider sind wir heute so gepolt, dass alles einen Sinn und Nutzen hat. Wir glauben, Nichtstun sei Faulheit oder vergeudete Lebenszeit. Das ist falsch. Nichtstun tut gut. Es senkt den Blutdruck, fördert die Durchblutung und reduziert den Stress. Das Gehirn kann zwar nicht ganz abschalten, braucht aber doch immer wieder einen gewissen Leerlauf, um für geistige Stabilität zu sorgen.

Setze dich auf eine Bank, auf dein Sofa oder stelle dich einfach ans Fenster. Atme tief durch, lege die Hand auf deinen Bauch und spüre, wie die Luft ein- und ausströmt. Schau den Wolken nach, beobachte den Vogel auf dem Dach gegenüber, sei neugierig auf das Rascheln der Blätter. Dies gelingt dir nur kurze Zeit? Kein Problem. Beginne mit ein oder zwei Minuten, mit der Zeit wirst du in der Lage sein, dir etwas mehr Nichtstun zu gönnen, vielleicht sogar 15 Minuten. Weißt du, was das Tolle daran ist? Das Nichtstun fördert deine Kreativität.

Hauche deinen Hobbys wieder Leben ein

Vermutlich hast in früheren Zeiten, also du noch weniger beschäftigt warst oder auch noch ohne eigene Familie gelebt hast, Hobbys gehabt. Welche waren das? Hast du ein Instrument gelernt, mit der Kamera schöne Fotos gemacht? Oder du hast dir ausgemalt, was du tun möchtest, irgendwann, später. Mehr über die Sterne zu lernen, deinen Balkon zu bepflanzen oder Brot zu backen? Warte nicht, sondern tue es **jetzt**. Gönne dir zu Beginn nur ein paar Minuten und du wirst selbst merken, dass sich diese Minuten ausdehnen, wenn es dir Spaß macht. Und erwarte nicht perfekte Ergebnisse. Niemand muss zuhören, wenn du Musik machst. Niemandem musst du berichten, was du Neues gelernt hast. Erlaube dir auch, etwas auszuprobieren und erst dann zu entscheiden, ob du es in Zukunft weiterführen möchtest. Erst im Tun spürst du deine Begeisterung. Wenn nicht, dann weißt du es jetzt und brauchst später nicht zu bedauern „ich hätte es tun sollen".

Verwöhne deinen Körper

Hier gibt es zwei Varianten: Bewegung und Ruhe. Heutzutage werden wir ständig dazu aufgefordert, uns selbst zu optimieren. Wir sollen schneller, höher, weiter, schlanker werden, um mehr zu gefallen. Das setzt enorm unter Druck. Um für sich selbst besser zu sorgen, reicht es aus, regelmäßig spazieren zu können, die frische Luft zu genießen, den Boden unter den Füßen zu spüren. Mein Tipp: Schreib dir den Spaziergang auf deine To-Do-Liste, um nicht zu vergessen, ihn auch tatsächlich zu unternehmen.

Heute keine Lust auf Bewegung? Dann gönne dir ein duftendes Vollbad. Zünde Kerzen an, stelle deine Lieblingsmusik an und befestige draußen an der Tür ein Schild: „Bitte Ruhe. Ich bin im Augenblick nicht zu sprechen." Genieße das warme Wasser, das deine Muskeln entspannt, schließe die Augen und atme tief durch. Vielleicht hast du auch Lust auf eine kleine Meditation. Hauptsache, du bist ganz im Hier und Jetzt.

Ein Treffen mit Freundinnen

Wenn du Kinder hast, bleibt oft keine Zeit für Freundinnen. Und wenn du mal eine anrufst, hat sie gerade keinen Babysitter oder andere Pläne. Größer sind die Chancen für ein Zusammenkommen, wenn ihr feste Termine vereinbart, die dann im Kalender stehen und nicht vergessen werden. Wie wäre es, einmal im Monat etwas zusammen zu unternehmen? Essen gehen in der Pizzeria, eine Wandung unternehmen, einem gemeinsamen Hobby frönen? Sollte ein Termin einmal doch nicht klappen, dann vereinbart sofort einen Ersatz. Damit wirkst du der Gefahr entgegen, dass sich gemeinsame Aktivitäten doch ausschleichen.

Das kostet gar nichts

- Eine Umarmung
- Ein Lächeln
- Schöne Erinnerungen
- Freunde
- Familie
- Schlaf
- Ein Glas Wasser

Hier noch ein paar Vorschläge, wenn du mehr Zeit und Geld in dein Wohlbefinden, deine Selbstfürsorge investieren möchtest:

Besuche eine Veranstaltung

Kennst du das? Du liest in der Zeitung oder im Internet von einer Veranstaltung, die besonders gut besucht war und Begeisterungsstürme beim Publikum ausgelöst hat? Tja, zu spät, der Termin ist verstrichen und du wärst gerne dabei gewesen. Zwei Möglichkeiten möchte ich dir vorschlagen:

Buch dir ein Abo oder mach dir zumindest eine Optionenliste. Damit meine ich, dass du aufschreibst, was in den nächsten Tagen oder Wochen in deiner Stadt oder der Umgebung angeboten wird. Gibt es einen tollen Film, den du nicht verpassen möchtest, ist ein Konzert geplant? Dann notiere dir dieses. Optionen heißt nicht, dass du alles machen musst, Optionen heißt, dass du auswählst, je nachdem wie du Zeit und Lust.

Verbinde dich mit Kunst

Such dir ein Museum oder eine Galerie aus, oft gibt es auch Tage mit freiem Eintritt. Lass dir Zeit, alles in Ruhe anzusehen. Was geht dir durch den Kopf, wenn du die Bilder oder Skulpturen betrachtest? Schreib deine Gedanken auf. Regt es dich an, was du siehst? Dann nimm einen kleinen Skizzenblock zur Hand und zeichne, was du siehst. Es geht nicht um eine Kopie, erlaube dir deinen eigenen Stil. Möglicherweise bekommst du Lust, im Alltag deiner Kreativität mehr Raum zu geben. Dann mach das. Besorg dir ein paar Utensilien, die nötig sind, sei es fürs Malen, für Handarbeiten, fürs Gärtnern oder wonach dir der Sinn steht. So kannst du gleich loslegen, wenn dir der Sinn danach steht. Wenn du nicht willst, dass jemand sieht, was du geschaffen hast, dann ist das in Ordnung. Es ist dein persönlicher künstlerischer Ausdruck.

Vielleicht magst du anschließend mehr über die Künstler und Künstlerinnen lesen, über ihr Leben und Wirken. Bestimmt erfährst du, dass ihr Weg zu Anerkennung und Ruhm selten leicht war. Sie haben Rückschläge durchlitten und Hürden überwunden, und doch haben sie nicht aufgegeben. Diese Erkenntnis wird dich stärken und dir Mut machen, deine eigenen Ziele und Wünsche zu verfolgen.

Heute mach
ich blau

Gönn dir einen ganzen Tag nur für dich

Nimm dir einen Tag frei, einen Tag, dem nur deinen Wünschen und Bedürfnissen. Zeit widmest. Wenn du dir das nicht vorstellen kannst, dann beginne mit einem halben Tag. Es ist in Ordnung, wenn du Arbeiten, ob in Haushalt oder Beruf, für eine Weile liegen lässt und nur dich selbst verwöhnst. Denn mit einem solchen Tag schenkst du dir große Energie. Danach geht alles wieder leichter von der Hand.

Zur Vorbereitung nimm dein Notizbuch zur Hand und schreib alles auf, was du dir wünschst. Nicht nur die Kleinigkeiten, die schon immer mal wieder in deinem Leben vorkommen. Nein, lass deiner Fantasie freien Lauf. Wonach sehnst du dich wirklich? Geld, Zeit und Entfernung spielen keine Rolle. Wenn Ideen erst einmal in deinem Innern Platz gefunden, wird oft mehr möglich, als du dir im Augenblick vorstellen kannst. Wohl nicht in einem Sprung, doch Schritt für Schritt.

Und jetzt

Suche dir jeden Tag etwas von deiner Liste aus. Wenn du denkst, ja, das mache ich „dann" mal, gerät es schnell in Vergessenheit. Nur wenn du es als Fixpunkt auf deine To-Do-Liste setzt, wirst du es umsetzen. So zeigst du deine Selbstfürsorge und Selbstliebe. Denn nur wenn du gut zu dir selbst bist, wirst gut du auf Dauer zu anderen Menschen gut sein zu können. Mach dir deinen Plan, wann du dir dafür Zeit nehmen willst und halte dich daran. Wenn es einmal wirklich nicht klappt, darfst du es nicht ganz aufgeben, sondern trage sofort einen neuen Termin dafür ein.

Was hast du umgesetzt?

- Welche Vergnügen hast du dir gegönnt und für welche hast du dir keine Zeit genommen?
- Was hat dir geholfen, es zu tun und was hat dich ausgebremst? Geh den Gründen auf die Spur und finde heraus, wie du es doch schaffen wirst, mehr für dich zu sorgen.

Oh, ein Kompliment!

„Das hast du aber gut gemacht." Wie reagierst du auf einen solchen Satz? Sagst du „Das war doch ganz leicht." Oder antwortest du „Es ist nicht der Rede wert." Das ist schade und zwar in zweierlei Hinsicht. Zum einen gönnst du dir persönlich dieses Kompliment nicht, das dir zeigen soll, was du Besonderes gemacht hast, zum anderen wirkt es für dein Gegenüber wie eine Zurückweisung: „Wie kannst du so etwas toll finden?"

Was könnten Gründe sein für eine solche Reaktion sein?

Du denkst vielleicht, nur dann eine positive Bemerkung zu verdienen, wenn es dich große Mühe gekostet hat. Oder aber du glaubst, alle könnten das, was dir so leicht von der Hand geht. Und von daher sei so ein Kompliment auch vollkommen überflüssig. Vielleicht vermutest du, das Kompliment ist nicht ehrlich gemeint und dein Gegenüber bezweckt etwas damit, eine Gegenleistung vielleicht. Es könnte auch sein, dass du gelernt hast, dass es besser ist, nicht im Mittelpunkt zu stehen und bescheiden zu sein. Oder aber, du hast bisher in deinem Leben nur kritische und abwertende Bemerkungen bekommen, was dein Selbstwertgefühl hat nicht wachsen lassen. Du bist dann sehr kritisch gegenüber dir selbst.

All diese Annahmen schwächen dich. Dabei sind sie eine wunderbare Essenz, dein Selbstwertgefühl wachsen zu lassen und dein Selbstbild im positiven zu verändern. Denn: Komplimente sind Zeichen der Wertschätzung und Anerkennung Erlaube dir, sie anzunehmen und sei stolz auf dich. Freu dich über das Lob.

Was du kannst

Nimm ein Kompliment, ein Lob, eine freundliche Bemerkung an. Bedanke dich: „Schön, dass du mir das sagst. Das freut mich." Halte Blickkontakt und lächle. So zeigst du deine Dankbarkeit und Wertschätzung. Denn die andere Seite hat dein Tun, dein Verhalten nicht nur wahrgenommen, sondern es so positiv gefunden, dass sie es in Worte fasst.

Schwäche das Kompliment auf keinen Fall ab „Ja, das ist doch selbstverständlich." oder „Das Kleid hab ich im Schlussverkauf erstanden, war billig." Auf ein Kompliment in dieser Weise zu reagieren, würdigt es gleich zweimal herab: Zum einen signalisierst du demjenigen, der es ausspricht, er sei blind für eventuelle Fehler. Zum anderen kommt das, was als positive Äußerung und damit als „Seelenfutter" für dich als Empfängerin gedacht ist, gar nicht an. Jemand, der solche Antworten zu hören bekommt, wird sich in Zukunft zurückhalten, dir etwas Nettes zu sagen.

Du bist wunderschön!

Wähle deine Antworten

Vielleicht würdest du gerne noch mehr darüber wissen, warum deine Arbeit so gut bewertet wird. Dann frag nach: „Was genau hat dir besonders gefallen?" Über eine offene und ehrliche Antwort lernst du noch mehr über dich und deine Fähigkeiten. Hast du etwas nicht alleine gemacht, dann beziehe die andere Person in deine Antwort mit ein „Danke, das freut mich. Wir waren ein tolles Team, Markus und ich." Du darfst deinen Einsatz und deine Mühe auch ins Spiel bringen. „Ich bin so froh, dass es gut angekommen ist. Hab das ganze Wochenende daran gearbeitet."

Manchmal wird ein kleiner Seitenhieb mit einer Anerkennung ver-knüpft. „Ich hab gehört, wie überzeugend du deine Präsentation vorgetragen hast. Na ja, vor diesem Publikum ist das auch nicht so schwer." Natürlich könntest du kontern. Du kannst aber auch nur auf einen Teil reagieren und dich bedanken: „Danke." Denn vielleicht ist der anderen Person gar nicht bewusst, dass sie einen Fehler gemacht hat. Wenn doch, merkt sie aufgrund deiner Reaktion, dass es nicht funktioniert hat, dich zu beleidigen.

Lass Komplimente wirken

Worte, die du hörst, sind oft schnell wieder verflogen und vergessen. Du solltest dich aber immer daran erinnern können, denn Kompli-mente stärken dein Selbstwertgefühl in stürmischen Zeiten. Schreib also auf, wenn du ein Lob, ein positives Feedback bekommst und lies dir deine (immer länger werdende) Liste durch, sollest du einmal in der Kritik stehen. Auf diese Weise hältst du Balance und zweifelst nicht im Ganzen an dir. „Ok, das ist nicht so gut gelaufen, doch es gibt jede Menge, was ich kann."

Eine besondere Wirkung hat das Kompliment für dich, wenn du die Anerkennung, die du gehört hast, öfter wiederholst, nur für dich.

Gib etwas zurück

Komplimente sich ein Geschenk. Deshalb solltest du Anerkennung, die man dir gegenüber ausspricht, nicht sofort zurückgeben, sondern dem Gegenüber zu einem späteren Zeitpunkt, in einem anderen Zu-sammenhang, etwas erwähnen, was dir positiv an ihm auffällt. Sprich Komplimente regelmäßig aus, doch dosiere dein Lob, je mehr du da-von austeilst, desto weniger ist es wert.

Immer dieser Zweifel

Fragst du dich manchmal, wann endlich allen auffällt, dass du eigentlich nichts kannst? Dass du keine Ahnung hast? Vor allem Frauen neigen dazu, sich wenig zuzutrauen. Sie bekommen eine Aufgabe angeboten oder werden für eine Stelle vorgeschlagen und was sagen sie? „Da muss ich erst noch eine Weiterbildung machen." Sie fürchten, als Hochstaplerin aufzufliegen, wenn sie sich selbst für fähig halten.

Oder hörst du dich manchmal selbst Sätze sagen wie
* Ich mach immer Fehler.
* Wäre das nicht besser gegangen?
* Meine Kollegin hat es einfach besser drauf.
* Kann ich für meine Arbeit wirklich so viel Gehalt verlangen?

Wenn das auf dich zutrifft, dann lass dir gesagt sein: Mit dieser Annahme bist du nicht allein.

Die Ursachen

Natürlich darfst du dich und deine Fähigkeiten in Frage stellen und kritisch unter die Lupe zu nehmen. Denn ein gewisses Maß an Selbstzweifeln kann in manchen Situationen durchaus gerechtfertigt sein. Gesunde Selbstzweifel werden dir helfen, dich zu verbessern, während übermäßige, destruktive Selbstzweifeln dich daran hindern, voranzukommen.

Wenn du vor einer neuen Aufgabe oder einer neuen Situation gegenüber stehst, zweifelst du möglicherweise an deinen Fähigkeiten. Dies ist normal, da du noch keine Erfahrung in diesem Bereich hast. Und es ist gut, diesen Zweifel zu akzeptieren und nicht gegen ihn anzukämpfen oder ihn gar einfach wegzudrücken. Wenn du ihn genauer anschaust, öffnet er dir neue Wege zu wachsen und dich weiterzuentwickeln. Doch wie alles im Leben kannst du auch es übertreiben, und aus einer reflektierenden Selbstanalyse werden mehr und mehr lähmende Selbstzweifel.

Nicht nur der innere Kritiker lässt dich an dir selbst zweifeln. Auch negative Erfahrungen, häufige Kritik von anderen oder ein steter Vergleich mit anderen tragen dazu bei. Ein mangelndes Selbstwertgefühl und ein niederes Selbstvertrauen, doch vor allem die Bescheidenheit ist es, die dich glauben lässt, du hast den Erfolg nicht verdient. Die Folge ist, dass du lieber nichts zu tust. So vermeidest du Fehler, bleibst im Hintergrund und zeigst dich nicht. Wie schade, denn dieses Verhalten bremst dich aus, es verhindert, dass du wächst und dich weiterentwickelst.

Sogar sehr erfolgreiche Menschen leiden häufig unter dem Impostor-Syndrom*. Dazu gibt es verschiedene Ausprägungen. Findest du dich hier wieder?
Die Perfektionisten. Sie erlauben sich keine Fehler und haben Angst, für unfähig gehalten zu werden.
Die Experten. Sie besuchen viele Seminare und decken immer mehr Wissenslücken auf.
Die Einzelgänger. Sie bitten nie um Hilfe, weil sich das wie Schummeln anfühlt.
Die Naturtalente. Sie glauben, viel für den Erfolg tun zu müssen und glauben, dass nur den Begabten alles zufließt.
Die Superhelden. Sie glauben, dass Menschen nur wirklich erfolgreich sind, wenn sie es in allen Lebensbereichen sind. Sie fühlen sich klein, wenn auf Menschen treffen, die vermeintlich alles im Griff haben.   *eine Untersuchung der Ärztin Michaela Muthig

Was du tun kannst
Hier einige Übungen, wie du deine Selbstzweifel in Griff bekommst, damit sie dich nicht klein machen.

Was hast du in deinem Leben schon erreicht?
Egal wie alt du heute bist, du hast dich entwickelt, hast gelernt, bist persönlich gewachsen. Wir sollten vor lauter Streben nach mehr nicht vergessen zu würdigen, was wir bereits erreicht haben. Doch das ist die Basis für das Selbstwertgefühl. Erlaube dir, auch winzige Veränderungen auf deinem Guthabenkonto zu verbuchen! Du hast es zwar nicht durchgängig geschafft, Grenzen zu setzen und Nein zu sagen?

Es ist dir aber immerhin in einem Fall gelungen? Oder du erkennst jetzt wenigstens hinterher, wo es klüger gewesen wäre, abzulehnen. Oder: Du wolltest dich als Selbständige besser vermarkten, bist aber über eine eigene Website nicht hinausgekommen? Gut. Das ist doch ein Anfang, auf dem du aufbauen kannst. Klopf dir auf die Schulter! Erkenne an, was dir gelungen ist. Nur diese Dinge, nicht eine Aufzählung der Defizite, stärken dein Selbstwertgefühl und Selbstvertrauen.

Prüfe deine Bedenken

Manchmal melden sie sich schon bevor du dich auf den Weg machst, manchmal aber auch erst mittendrin. Es bringt nichts, diese Gedanken zu verscheuchen. Lieber schau dir den Zweifel genau an. Deine Antworten auf folgende Fragen machen eine gute Entscheidung möglich und werden DEINE MOTIVATION STÄRKEN.

1. Was kann schlimmstenfalls passieren?
2. Was kann ich tun, damit dieser Fall nicht eintritt?
3. Was könnte ich tun, wenn der befürchtete Fall doch eintritt?
4. Welche Vorteile und Erfolge werden möglich, wenn ich es wage?

Wenn ich dieses Ziel umsetze, wie wird mein Leben aussehen
- nach 6 Monaten?
- nach einem Jahr?
- nach drei Jahren aussehen?

Wenn ich dieses Ziel nicht umsetze, wie wird mein Leben dann aussehen:
- nach 6 Monaten?
- nach einem Jahr?
- nach drei Jahren aussehen?

Betrachte deine Antworten und vergleiche die möglichen negativen und positiven Auswirkungen. Dann triff deine Entscheidung!

Wag dich an neue Aufgaben

Du kannst nur lernen und wachsen, wenn du den Mut dazu hast, Neues zu erreichen. Was möchtest du in Zukunft können? Du möchtest vor großem Publikum sprechen und traust dich heute gerade mal vor fünf Menschen zu stehen? Du möchtest dich sportlich steigern und träumst davon einen Preis zu gewinnen? Oder willst du als Selbständige gute Geschäfte machen und hast gerade mal eine erste Idee? Mit einem großen Sprung wirst du es nicht von heute auf morgen schaffen. Doch es lässt sich allmählich steigern. Mach dir bewusst, dass jeder, der heute etwas kann und erfolgreich ist, klein angefangen hat. Niemand kann sofort ein Buch schreiben, eine tolle Eiskunstlaufkür hinlegen oder ist ein Star im Trompete spielen. Sie alle haben sich angestrengt, viele Stunden geübt, sich Mühe gegeben und vor allem: Sie sind dran geblieben.

Frag dich also, was genau du erreichen willst und ob du die Energie hast durchzuhalten. Setze dir ein realistisches Ziel und mach einen Plan. Arbeite Schritt für Schritt darauf hin. Jeder noch so kleine Erfolg wird dazu beitragen, dass du deine Selbstzweifel überwindest. Und wenn es einmal nicht so klappt, wie du erhofft hast, ist es noch nicht das Ende. Sei geduldig mit dir selbst und erlaube dir, Fehler zu machen und aus ihnen zu lernen. Such dir stattdessen neue Wege, um dennoch zum Ziel zu kommen.

Es könnte doch klappen

Sprich positiv und freundlich mit dir

Deine Selbstzweifel werden nur kleiner, wenn du dich mit positiven Selbstgesprächen ermutigst. Erinnere dich an deine noch so kleinen Erfolge und sprich dir Mut zu, auch wenn es schwierig erscheint. Diese Selbstgespräche haben ihre Wirkung nicht nur dann, wenn du nach getaner Arbeit noch einmal reflektierst, was du dir vorgenommen hast und was du erreichen konntest. Sie stärken dich auch, wenn du bevorstehende Aufgaben und Situationen mit positiver Erwartung angehst.

Denn jeder Schritt, den du machst, bringt dich näher zu deinen Zielen bringt. Rückschläge sind keine Zeichen des Scheiterns, sondern Gelegenheiten zu lernen und zu wachsen. Du hast bereits so viele Hürden überwunden und bist stärker geworden. Vertraue auf deine Fähigkeiten und darauf, dass du die Kraft in dir trägst, zu erreichen, was du dir vornimmst. Egal wie klein der Fortschritt erscheinen mag, er zählt. Erinnere dich an deine Erfolge, an die Momente, in denen du über dich hinausgewachsen bist. Gib dir die Erlaubnis, Fehler zu machen und aus ihnen zu lernen.

Also geh mit Zuversicht in den Tag. Sag dir: Ich bin stark. Ich bin fähig. Ich bin genug.

Halte deine Erfolge fest

Positive Selbstgespräche sind das eine, doch noch mehr Wirkung hat es, wenn du das, was du erreicht hast, schriftlich festhältst. Dafür ist dein Notizbuch gut. Halte jeden Tag fest, was dir du dich getraut hast, was dir gelungen ist und welche deiner positiven Seiten dir bewusst geworden sind.

Teile deine Erfolge

Eine besondere Wirkung hat, wenn du dir den Mut nimmst, anderen davon zu erzählen, wo du erfolgreich warst. Natürlich muss es Menschen sein, denen du vertraust und die dich in deinem Wachsen unterstützt. Vielleicht magst du auch mit einer guten Freundin eine Vereinbarung treffen, damit ihr euch gegenseitig eure Erfolge mitteilt.

Deine Erfahrungen mit dieser Übung

Welche Schritte bist du gegangen?
Hast du dein Ziel geändert?
Was hat dich unterstützt?

Sag Nein

Eine Freundin, ein Kollege oder ein Familienmitglied bittet dich um einen Gefallen. Es fällt dir schwer, diese Anfrage abzulehnen. Du bist sofort bereit. Warum? Vielleicht willst du einfach nur nett und höflich sein und gemocht werden. Möglicherweise erhoffst du dir eine zukünftige Gegenleistung. Doch es könnte auch sein, dass du nicht Nein sagst, weil du selbst Absagen nicht ertragen kannst und sie deshalb anderen ebenfalls nicht zumuten möchtest.

Die Hintergründe

Du bist eine Frau? Dann wurdest sicher dazu erzogen, dich um andere zu kümmern und deine eigenen Bedürfnisse hintanzustellen. Diese Hilfsbereitschaft hat schwerwiegende Konsequenzen. Denn wenn du einmal Ja sagst, wird man dich auch in Zukunft immer wieder um einen Gefallen bitten, oft mit dem lockenden Zusatz „Das letzte Mal hast du das so toll gemacht!"

Allmählich spürst du, dass du deine Lebensbalance in Schieflage gerät. Du schützt deine Zeit und Energie nicht, du investierst sie mehr und mehr in die Interessen anderer. Deine eigenen Bedürfnisse kommen zu kurz. Das zu ändern liegt in deiner Hand. Das wird dir gelingen, wenn du dir das Wort Nein erlaubst und vor allem auch aussprichst. Damit wir uns recht verstehen: Du darfst selbstlos sein, darfst für andere da sein. Doch nur wenn du es mit Freude tust, wenn es von Herzen kommt. Aufopfern solltest du dich nicht.

Das kannst du tun
Erbitte Bedenkzeit

Es ist nicht nötig, sofort eine Zusage zu geben, wenn jemand einen Wunsch an dich heranträgt. Du kannst nachfragen: Was genau möchtest du von mir? Wer wird mich unterstützen? Was brauche ich dazu? Wieviel Zeit wird dafür nötig sein? Erst dann kannst du eine gute Entscheidung treffen. Und du dir wirst nur dann in Ruhe überlegen können, was du stattdessen mit deiner Zeit machen möchtest und ob du wirklich bereit dazu bist, diese Pläne aufzugeben.

Antworte kurz und knapp

Du brauchst dich für deine Entscheidung nicht zu rechtfertigen. Prüfe sorgfältig, wem gegenüber du deine Entscheidung begründen willst. Denn in der Begründung liegt oft das Problem: „Ich kann das Vereinsprotokoll leider nicht schreiben, da ich diese Woche sehr viel zu tun habe." – „Das macht nichts, es reicht, wenn es Ende des Monats vorliegt."

Das Nein muss vorkommen

Oft werden Absagen so gut verpackt, dass sie gar nicht als solche wahrgenommen werden: „Eigentlich passt es mir heute gar nicht." oder „Normalerweise mache ich so was nicht." Lehne klar und deutlich ab und verwende dabei die Worte „Nein" oder „nicht". Sage: „Nein, ich möchte das nicht tun." oder „Dafür habe ich keine Zeit." oder „Dafür stehe ich nicht zur Verfügung."

Nein heißt Nein

Achte auf deine Körpersprache

Wenn du mit deiner ablehnenden Antwort nicht ernst genommen wirst, dann mach dir bewusst, mit welchen nonverbalen Signalen du deine Worte begleitet hast. Mit eingeknickten Knien, gebeugtem Oberkörper, schräg geneigtem Kopf und einem „Hab-mich-lieb-Lächeln" lädst du dein Gegenüber förmlich ein, hartnäckig zu bleiben. Richte dich auf, schaue gerade, weiche dem Blickkontakt nicht aus und bleib bei einem sachlichen Tonfall, wenn du einer Bitte nicht entsprechen willst.

Mildere deine Absage ab

Möglicherweise fällt es dir leichter, Nein zu sagen, wenn der Bittende spürt, dass du ihm Verständnis und Anerkennung entgegenbringst. *„Ich arbeite sehr gerne mit Ihnen zusammen, aber dieses Projekt möchte ich lieber alleine machen.“* Oder: *„Ich bin an diesem Gespräch interessiert, nur im Moment geht es leider nicht.“* Grundsätzliche Ablehnungen sind nicht persönlich. Wenn du eine Absage prinzipiell erteilst, ist dies für den Bittenden leichter zunehmen: *„Das mache ich grundsätzlich nicht...“* *„Ich kaufe nie etwas an der Haustüre.“*

Die Drei-Schritte-Formel

Angenommen, deine Chefin möchte, dass du sie in einem Projekt unterstützt und dafür Überstunden machst. Dann nütze diese Formel:
1. **Danke** „Das ehrt mich, dass Sie mir die Mitarbeit an diesem Projekt zutrauen. Vielen Dank“.
2. **Nein** „Leider häufen sich auf meinem Schreibtisch so viele termingebundene Aufgaben, dass es mir nicht möglich ist, noch mehr zu übernehmen.“
3. **Kompliment:** „Ich danke Ihnen, dass Sie an mich gedacht haben. Ich weiß, dass Sie als Chefin einen guten Überblick über die Kompetenzen Ihrer Mitarbeiter haben, bin ich sicher, dass Sie für das Projekt noch eine andere Unterstützung finden.“
oder
4. **Lösung:** „Im Augenblick kann ich diese Aufgabe nicht mehr einplanen, doch in der nächsten Woche dürfte es möglich sein.“

Bestimme den Zeitpunkt

Manches Mal wärst du bereit, den Bittenden gerne unterstützen, doch im Augenblick hast du den Kopf oder den Terminkalender voll. Dann sag, wann es dir möglich ist und entscheide dich für ein zeitlich begrenztes Nein. *„Im Prinzip mache ich das gerne, nur am Wochenende nicht.“* oder: *„Im Augenblick geht es leider nicht, wenn Sie wollen, können Sie gerne in einer Stunde noch einmal kommen.“*

Das entlastende Teil-Nein

Nicht immer ist es nötig und sinnvoll, eine ganze Aufgabe zu übernehmen. In diesem Fall bringe deinem Gegenüber klar zum Ausdruck bringen, wozu du bereit bist: *„Ich helfe Ihnen gerne, wenn Sie schon mal die Unterlagen heraussuchen.“* Oder: *„Ich kann dich gerne zum Sport fahren, wenn du mir vorher hilfst, die Küche aufzuräumen.“* Wer ständig mit Anfragen bombardiert wird, die eigentlich zum eigenen Aufgabenbereich zählen, sollte sich klar abgrenzen. *„Dieses eine Mal noch werde ich diesen Kundentermin übernehmen. In Zukunft aber bin ich dazu nicht mehr bereit. Es ist Ihre Aufgabe.“* Oder: *Ich stehe gerne für Fragen zur Verfügung, aber die Präsentation kann ich nicht erstellen.“*

Bleib standhaft

Bleibt der Bittsteller hartnäckig und lässt sich nicht abwimmeln, solltest du trotzdem standhaft bleiben und absagen. Wenn du geantwortet hast, rede nicht weiter, sondern warte die Reaktion deines Gegenübers ab. In hartnäckigen Fällen verlässt du lieber den Raum, um weitere Diskussionen und Nachbohrversuche zu verhindern.

Der Trick mit Schallplatte mit Sprung

Eine Hilfe ist auch die „Schallplatte mit Sprung“: Du wiederholst immer wieder (auch mit sprachlichen Varianten) deine Absage. Wenn du z.B. eine schadhafte Ware ins Geschäft zurückbringst und statt eines Gutscheins oder einer Nachbesserung dein Geld wieder zurück haben willst, kannst du sagen: *„Ich möchte den Kaufpreis zurückerstattet haben.“* – *„Wie ich schon sagte, möchte ich…“* – *„Es geht mir nicht um einen Gutschein, ich möchte mein Geld zurück…“*

Keine Entschuldigungen

Nicht immer ist es nötig zu erklären, warum du etwas nicht willst. Du hast einen Pullover anprobiert und er gefällt dir nicht? Dann gib ihn der Verkäuferin zurück, es reicht ein *Nein, danke.* Ihr gegenüber brauchst du nicht zu begründen, warum. Anders ist es, wenn eine Kollegin darum bittet, ihr eine Arbeit abzunehmen. Entschuldige dich nicht, doch sag ihr, warum dir das nicht möglich ist. Bei manchen Gesprächspartneern musst du deinen Satz wiederholen. Denn sie wollen ihn nicht hören.

Lege dir Sätze zurecht

Besonders am Anfang, wenn es dir noch schwerfällt, Nein zu sagen, werden dir Sätze helfen, die zwar eine Absage sind, doch das Wörtchen Nein nicht enthalten:

„Ich fühle mich geehrt, aber ich kann nicht."
„Ich konzentriere mich gerade auf andere Dinge."
„Leider kann ich damit nicht helfen."
„Ich habe gerade viel um die Ohren."
„Das passt nicht gut zu mir."
„Ich wünschte, ich könnte, aber es ist nicht möglich."

Übernimm nicht alleine die Verantwortung

Einem Vorgesetzten etwas abzuschlagen ist schwierig. Doch hat er die Verantwortung, eine Entscheidung zu treffen. Wiederhole deshalb die Bitte als Frage: *„Sie wollen also, dass ich die Präsentation heute noch fertig mache?"* Die Frage zu stellen schafft Klarheit und du gewinnst Zeit. Bei einem Ja zeige die Folgen auf: *„Wenn ich das mache, wartet der Kunde morgen auf die Kalkulation."* Will der Chef die Extra-Arbeit trotzdem, dann kläre die Lage: *„Wenn ich jetzt an der Präsentation arbeite, bleibt die angefangene Kalkulation liegen und kann erst in zwei Tagen abgegeben werden. Sind Sie damit einverstanden?"* Nun muss dein Chef entscheiden. Und hast deutlich gemacht, dass du dich und deine Arbeit ernst nimmst.

Warum sind diese Schritte wichtig?

Du fühlst dich gut mit deiner Zusage, weil du es gerne tust und den anderen unterstützen möchtest. Auf der anderen Seite bist du mit dir mit deinem Nein im Reinen, weil du dich und deine Bedürfnisse ernst nimmst und deine Zeit lieber dafür einsetzt.

Und jetzt?

Entscheide, in welcher Situation, bei welchem Gegenüber du mit deiner Übung starten möchtest. Verwende die Sätze, die du dir aufgeschrieben hast. Übe die Formulierungen, indem du sie laut sprichst, so prägen sie sich ein. Stell dich vor den Spiegel und wiederhole deine Worte. Wenn du dein Nein nicht beim ersten Mal durchsetzen kannst, ist das nicht schlimm. Lass dir das Gespräch noch einmal durch Kopf gehen und finde heraus, was dich gehindert hat, diese Bitte abzuschlagen. Daraus lernst du für das nächste Mal.

Deine Bedürfnisse

Eine wichtige Voraussetzung, dass du deine Grenzen setzen kannst, ist zu wissen, deine Bedürfnisse überhaupt zu kennen. Denn so lange dir nicht bewusst ist, was du brauchst und es in Ordnung ist, nein sogar verzichtbar ist, bist du schnell bereit, deine Zeit und deine Kraft anderen zur Verfügung zu stellen. Lies dazu das Kapitel Tu dir gut.

Und jetzt:

Wann ist es dir gelungen, endlich Nein zu sagen?
Wie hasr du dich danach gefühlt?
In welcher Situation möchtest du es als nächstes probieren?

Was du denkst, bist du. Was du bist, strahlst du aus.
Was du ausstrahlst, ziehst du an.
Buddha

Ein voller Kopf

Deine Gedanken prägen dein Leben. Wusstest du, dass den meisten Menschen rund 60 000 bis 80 000 Gedanken am Tag durch den Kopf gehen? 80% dieser Gedanken allerdings sind in der Regel negativ und 95% wiederholen sich ständig. Da bist du vermutlich keine Ausnahme. Diese negativen Gedanken prägen dein Bild von der Welt, von deinem Leben und auch von dir als Person. Sie schaden dir. Wie und was du über dich oder andere denkst, entscheidet, wie du dich fühlst. Du hast die Wahl. Woran du glaubst, was du für wahr hältst, wird zu einem nicht unerheblichen Teil bestimmen, wie es dir im Alltag geht.

Wenn du fest daran glaubst, dass alles gut wird, wirst du gelassener durchs Leben gehen. Es werden sich mehr positive Dinge ereignen. Wenn du hingegen davon überzeugt bist, dass schief läuft, was schief laufen kann, erhöht das den Stress, dein Körper reagiert darauf. Es entstehen innere Schwingungen, die ebenfalls anziehen, was du denkst.

Ursachen

Nicht nur in deinem eigenen Kopf wirbeln negative Gedanken, auch in den Medien wird fast ausschließlich von Katastrophen und beängstigenden Ereignissen berichtet. Der Hintergrund ist sicher deren Blick auf Einschaltquoten und Verkaufszahlen, weil Unfälle, Kriege, Mord und Totschlag mehr Interesse hervorrufen. Als Leser und Zuschauer werden wir ständig mit Katastrophennachrichten bombardiert und wir sind auf negative Nachrichten ausgerichtet. Es ist nicht einfach, danach ein positives Gefühl für die Zukunft zu haben.

Doch es gibt noch andere Quellen, die dich negativ beeinflussen, ob du willst oder nicht. Dir fallen Werbeplakate ins Auge, du überfliegst im Vorbeigehen die Überschriften der Zeitungen am Kiosk, hörst, ob du willst oder nicht, wenn andere Menschen lauthals fluchen und schimpfen, siehst Bettler auf der Straße sitzen.

Das alles hat auch eine Wirkung auf dich. Du machst dir Sorgen über die Welt, über dich und grübelst. Mehr und mehr gerätst du in eine negative Spirale. Du konzentrierst dich auf deine Probleme, deine Schwächen und denkst *„Wir leben in einer schlechten Zeit."* oder *„Ich kann nichts."* Du hast kein gutes Bild von dir. Und auch wenn solche Gedanken unbewusst ablaufen, werden sie eine enorme Auswirkung auf dein Wohlbefinden und dein Selbstwertgefühl haben.

Was du tun kannst
Lass dich nicht überfluten

Wir können selbst entscheiden, welche Sendungen wir schauen, welche Magazine oder Bücher wir lesen, welchen Leuten wir auf Instagram und Co. folgen und mit welchen Menschen wir uns umgeben. Achte einmal darauf, was die Filme, Nachrichten und Bilder mit dir machen. Es reicht, wenn du einmal am Tag Nachrichten hörst oder siehst. Scroll nicht jedes Mal, wenn du dein Handy in die Hand nimmst, durch den aktuellen Feed.

Nähre deinen Geist

Du hast es in der Hand, aus welchen Quellen du deinen Geist fütterst. Lies Biografien von Menschen, die erreicht haben, wovon du träumst. Lerne von ihnen, welche Hürden sie meistern mussten. Du hast ein Hobby? Dann such dir Anregungen, um mehr von anderen zu lernen. Knüpfe Kontakte mit Menschen, die dich inspirieren, um mit ihnen über Themen zu diskutieren. Doch durchleuchte mit ihnen die Problematik nicht zum hundertsten Mal, sondern suche nach Lösungen und finde sie. Geh raus in die Natur. Was hörst du, was siehst du, was riechst du? Lege auf deinen Nachttisch Bücher, die dir Spaß machen, Geschichten, die dich beflügeln.

Verändere die Blickrichtung

Du hast es in der Hand, mit welchen Gedanken du deinen Geist fütterst. Wenn du dich bewusst auf die positiven Ereignisse im Leben konzentrierst, werden sich in deinem Gehirn neue neuronale Bahnen für mehr Zuversicht, Optimismus und positives Denken bilden. Natürlich löst das nicht all deine Probleme in Luft auf. Negative Seiten gehören zum Leben dazu. Doch es wird sich ein grundlegender Wandel anbahnen.

Um deinen Gedanken auf die Spur zu kommen, helfen Fragen.

- Warum denke ich in dieser Situation immer so?
- Wie würde jemand anderer die Dinge bewerten?
- Spielt das, was ich gerade lese oder höre, in meinem Leben eine Rolle?
- Wie wirken diese Gedanken auf mich?
- Bringen mich diese Gedanken weiter?
- Angenommen, ich würde die Blickrichtung wechseln, was würde ich dann denken?

In der Regel haben wir keinen Einfluss auf Ereignisse, die irgendwo in der Welt eingetreten sind. Wenn du aber doch eine Handlungsmöglichkeit siehst und entsprechend agieren möchtest, dann tu es. Du kannst Menschen helfen, die von einem Unwetter betroffen sind, die ihr Hab und Gut verloren haben, du kannst dich für den Schutz von Tieren einsetzen oder aber in deinem Umfeld für eine gute Kommunikation sorgen.

Doch in allen anderen Fällen werden solche negativen Gedanken dich nur belasten. Also stoppe sie, blende sie aus. Denn wenn du ständig grübelst, bringt dich das nicht weiter. Im Gegenteil. Du wirst dich als Opfer fühlen und nicht mehr die Kraft und Energie haben, dich für die Dinge einzusetzen, die in deiner Macht stehen. Ob gesellschaftlich oder in deinem eigenen Umfeld. Aber genau das würde dich weiterbringen und stärken.

Was denkst du über dich?

Damit du den Gedanken über dich selbst auf die Sprünge kommst, mache eine ähnliche Übung. Beobachte, was in deinem Kopf über dich vor sich geht, und notiere diese Gedanken.

Ich bin...

Wie vollendest du diesen Satz? Schreib alles auf, was dir einfällt.

- Bist du zu dick, zu ungeschickt, machst immer nur Fehler, kannst Erwartungen erfüllen und bist ein kleines Licht?
- Oder denkst du darüber nach, was dir gelungen ist? Wo du Fortschritte gemacht und etwas gelernt hast?
- Wenn du eine Reihe solcher Sätze niedergeschrieben hast, geht es darum, diese zu prüfen und zu auf ihre Richtigkeit zu hinterfragen.

Gedanken haben nicht nur Einfluss auf deine Gefühle, sondern auch darauf, wie du die Welt wahrnimmst. Wer sich z.B. an ein schlechtes Ereignis erinnert, nimmt das Umfeld dunkler wahr als diejenigen, denen eine gute Tat präsent ist.
Ähnliches gilt für dein Verhalten. Wenn dir beispielsweise Gedanken des Zweifels kommen, wirst du dich in der Regel auch unsicherer verhalten, obwohl es dafür von außen betrachtet gar keinen Grund dafür gibt.

Was stimmt?

Nun gehst du deine Sätze im Einzelnen durch
1. Wodurch wurde dieser Gedanke ausgelöst
2. Stimmt er immer oder gibt es Ausnahmen?

3. Wer hat diesen Gedanken in mich eingepflanzt
4. Gibt es ein Muster?
5. Was lerne ich daraus?

Ein Beispiel:
- Du hast eine Präsentation vorbereitet und sie war nicht überzeugend.
- Du hast dieses Mal einige Daten vergessen. Die früheren Vorlagen aber waren gut gewesen.
- Dein Vater liegt dir im Ohr, er hat dich immer kritisiert und dich für unfähig gehalten.
- Ja, immer wenn du einen Fehler machst, schimpfst du dich selbst aus.
- Mach dir klar, warum die Präsentation nicht den Erwartungen entsprach. Du hattest zu wenig Zeit zur Vorbereitung. Dann plane das nächste Mal mehr ein.

Am Ende bleibt die Erkenntnis, was du tun kannst, um beim nächsten Mal Anerkennung für deine Arbeit zu bekommen.

Mach den Gedankenstopp
Auch wenn du mit dieser Vorgehensweise dich schon in vielen Fällen von negativen Gedanken lösen kannst, wird es passieren, dass manche dich immer wieder einholen und dich in einen echten Strudel ziehen. Permanente Gedanken der Besorgnis und des Unwohlseins führen am Ende zu Burnout und weiteren psychischen Problemen.

Deshalb setze ein STOPP-Signal. Schreib den jeweiligen Gedanken auf, schiebe den Zettel weit von dir und nimm dir vor, dich höchstens später noch einmal damit zu beschäftigen. Besser noch ist es, diesen Zettel am Abend zu verbrennen und dazu die Worte sprechen „Ich lösche dich aus."

Change it, love it or leave it
Im Leben lässt sich nicht alles zum Positiven wenden. Es geht immer darum, welchen Einfluss du selbst hast. Wenn du mit anderen besser klar kommen willst, liegt es an dir, wie du dieser Person begegnest.

Vielleicht steckst du sie damit an und sie ändert ihr Verhalten ebenfalls. **Change it. (Ändere das)**

Vielleicht hat die Problemsituation noch so viel Gutes, dass du dich damit arrangieren kannst. Dann bleib. **Love it. (Akzeptiere es)**

Im dritten Fall hilft nur, dich herauszulösen und zu verabschieden. Denn sonst würde es dich dauerhaft belasten und krank machen. Das ist es nie wert. **Leave it. (Lass los)**

Konzentriere dich auf das Positive

Positive Gedanken führen zu positiven Gefühlen und positiven Reaktionen, negative Gedanken erzeugen negative Gefühlen und negative Reaktionen. Wer immer wieder negativ über sich oder andere denkt, trainiert seine Wahrnehmung zum Unglücklichsein. Seit Jahren liegt auf meinem Nachtisch ein kleines Buch, in das ich vor dem Einschlafen einige Fragen für mich beantworte:

- Was war gut an diesem Tag?
- Wofür bin ich dankbar?
- Was möchte ich verändern?
- Wofür brauche ich Hilfe?

Ich sehe hier nichts

Ich kann mich hier
gut verstecken

Ich empfehle dir, diese Übung regelmäßig einzusetzen, nicht nur an einem Tag oder einmal die Woche. Je länger du es durchziehst, desto stärker die Wirkung. Schreib auf, was dir einfällt. Mal ist es mehr, mal weniger. Doch mit der Zeit wird sich dein Blick schärfen für das Positive in deinem Leben. Du stellst im Laufe des Tages deinen inneren

Scheinwerfer genau auf diese Dinge, denn am Abend möchtest du etwas in deinem Büchlein notieren können. So wirst du mehr und mehr auch Kleinigkeiten entdecken, die es wert sind, in Erinnerung zu bleiben.

Leg das Büchlein, wenn du fertig bist, nicht gleich weg, sondern lass vor deinem geistigen Auge die eine oder andere Situation noch einmal aufleben und spüre nach, wie du dich gefühlt hast. Deine Stimmung wird sich verbessern und dein Schlaf auch.

Schreibe Morgenseiten

Dich im Guten auf den Tag einzustimmen, gelingt am besten mit Morgenseiten. Stell den Wecker ein paar Minuten früher und halte in deinem Heft fest, was du an Positivem erwartest. Du wirst gleich ein Gespräch führen? Welches Ergebnis möchtest du erreichen? Wie kannst du vorgehen? Du wirst heute eine Examensarbeit schreiben? Stell dir vor, wie du flüssig und ohne Druck die Aufgaben erledigst. Du möchtest endlich einen Streit beilegen. Dann führe dir vor Augen, wie ihr das gemeinsam schafft.

Je mehr du dich auf das konzentrierst, was du erreichen möchtest, desto größer die Chance, dass es auch gelingt.
Von Marcus Aurelius übrigens stammt der Ausspruch:
Das Glück deines Lebens hängt von der Beschaffenheit deiner Gedanken ab.

Abgewandelt könnte man sagen:

Dein Selbstwertgefühl hängt von der Beschaffenheit deiner Gedanken ab.

Zu diesem Thema passen auch die Kapitel „Glaubenssätze" und „In Lösungen denken"

Um deine Gedanken noch mehr anzuregen und auf die richtige Bahn zu bringen, habe ich die Geschichte vom Kaputten Krug eingefügt.

Der kaputte Krug

Es war einmal ein Wasserträger in Indien. Auf seinen Schultern ruhte ein schwerer Holzstab, an dem rechts und links je ein großer Wasserkrug befestigt war. Nun hatte einer der Krüge einen Sprung. Der andere hingegen war perfekt geformt und mit ihm konnte der Wasserträger am Ende seines langen Weges vom Fluss zum Haus seines Herren eine volle Portion Wasser abliefern. In dem kaputten Krug war hingegen immer nur etwa die Hälfte des Wassers, wenn er am Haus ankam. Für volle zwei Jahre lieferte der Wasserträger seinem Herren also einen vollen und einen halbvollen Krug.

Der perfekte der beiden Krüge war natürlich sehr stolz darauf, dass der Wasserträger in ihm immer eine volle Portion transportieren konnte. Der Krug mit dem Sprung hingegen schämte sich, dass er durch seinen Makel nur halb so gut war wie der andere Krug. Nach zwei Jahren Scham hielt der kaputte Krug es nicht mehr aus und sprach zu seinem Träger: „Ich schäme mich so für mich selbst und ich möchte mich bei dir entschuldigen."

Der Wasserträger schaute den Krug an und fragte: „Aber wofür denn? Wofür schämst du dich?" „Ich war die ganze Zeit nicht in der Lage, das Wasser zu halten, so dass du durch mich immer nur die Hälfte zu dem Haus deines Herrn bringen konntest. Du hast die volle Anstrengung, bekommst aber nicht den vollen Lohn, weil du immer nur anderthalb statt zwei Krüge Wasser ablieferst." sprach der Krug.

Dem Wasserträger tat der alte Krug leid und er wollte ihn trösten. So sprach er: „Achte gleich einmal, wenn wir zum Haus meines Herren gehen, auf die wundervollen Wildblumen am Straßenrand." Der Krug konnte daraufhin ein wenig lächeln und so machten sie sich auf den Weg. Am Ende des Weges jedoch fühlte sich der Krug wieder ganz elend und entschuldigte sich erneut zerknirscht bei dem Wasserträger.

Der aber erwiderte: „Hast du die Wildblumen am Straßenrand gesehen? Ist dir aufgefallen, dass sie nur auf deiner Seite des Weges wachsen, nicht aber auf der, wo ich den anderen Krug trage? Ich wusste von Beginn an über deinen Sprung. Und so habe ich einige Wildblumensamen gesammelt und sie auf Deiner Seite des Weges verstreut. Jedes Mal, wenn wir zum Haus meines Herrn liefen, hast du sie gewässert. Ich habe jeden Tag einige dieser wundervollen Blumen pflücken können und damit den Tisch meines Herrn dekoriert. Und all diese Schönheit hast du geschaffen."

Autor unbekannt,
aus dem Englischen übersetzt

Der Körper ist der Handschuh der Seele,
seine Sprache das Wort des Herzens.

Samy Molcho

Deine Körpersprache

Du wunderst dich manchmal, wie andere dich behandeln? Sie trauen dir wenig zu, schenken dir kaum Aufmerksamkeit, deine Meinung ist nicht wichtig? Im Extremfall sogar behandeln sie dich respektlos, machen mit dir, was sie wollen. Das alles hat Einfluss auf deine berufliche Anerkennung, deinen Erfolg, weil du nicht kompetent wirkst. Auch im privaten Leben bleibt es nicht ohne Folgen: Menschen zögern, dich anzusprechen oder auf dich zuzugehen, weil sie annehmen, dass du nicht offen oder gesellig bist.

Die Ursache

Wir gehen mit anderen in Kontakt, indem wir mit ihnen sprechen. Aber das ist nicht alles. Wir senden immer auch nonverbale Signale aus. Diese haben eine größere Wirkung als das gesprochene Wort. Studien belegen, dass der Wert des nonverbalen Ausdrucks bei 60 bis 80 Prozent liegt. Besonders irritierend ist es, wenn die Botschaft der Worte und die des Körpers nicht übereinstimmen.

Der Begriff nonverbaler Ausdruck ist umfassend gemeint, denn es geht nicht nur um deine Körpersignale wie Gestik, Mimik, die Körperhaltung und Bewegung, sondern auch um den Klang deiner Stimme, die Lautstärke und wie du Worte betonst. Auch wenn du schweigst, sendest du eine Botschaft. Wie schon Paul Watzlawick sagte: „Man kann nicht nicht kommunizieren." Deine nonverbalen Signale werden beeinflusst von deinem Selbstwertgefühl. Sie sagen viel aus über deine Einstellung, also was du über dich denkst, was du von dir hältst. Deine Gesprächspartner reagieren auf die Botschaft, die sie von dir empfangen. Das wiederum löst bei dir Gefühle aus. Es ist ein Kreislauf.

Wer ein hohes Selbstwertgefühl besitzt, wirkt überzeugend, bekommt eine entsprechende Resonanz und ist sich damit der Anerkennung und der positiven Beachtung anderer sicher. Es entstehen gute Beziehungen, berufliche Angebote und die Chance, bei wichtigen Themen mitwirken zu dürfen.

Doch was, wenn du dich innerlich unbedeutend fühlst? Wenn du so über dich denkst? Dann kann man das auch in deiner Körpersprache ablesen: Du machst dich klein, nimmst wenig Raum ein, senkst die Stimme und den Kopf, bleibst im Hintergrund.

Was du tun kannst
Beobachte dich und notiere
- Welche Haltung nimmst du in einem Gespräch ein?
- Wie verhältst du dich in einer Runde von Menschen?
- Was machen deine Hände, deine Füße?
- Nimmst du Blickkontakt auf?
- Stehst du frei oder lehnst du an der Wand?

Beobachte auch die Körpersprache anderer
- Was nimmst du wahr?
- Welche Gefühle lösen sie bei dir aus?
- Möchtest du gerne rückfragen, ob du richtig liegst mit deiner Vermutung?
- Was lernst du für dich?

Anhand dieser Notizen merkst du, welche Übungen dir helfen, deine Körpersprache zu verbessern.

Prüfe deine Erwartung

Du gehst zu einem Termin für ein wichtiges Gespräch oder hast die Aufgabe bekommen, vor einer Gruppe zu präsentieren? Dann stell dir in Gedanken vor, wie du möchtest, dass die Situation im besten Falle abläuft. Du beherrscht dein Thema, findest die richtigen Argumente und erreichst dein Ziel. Du bist überzeugend und mitreißend. Du bekommst Anerkennung von deinen Zuhörern und darfst dich über deren Applaus freuen. Allein diese Erwartung schon wird deine nonverbalen Signale ins Positive wandeln, auch wenn dein Inneres noch nicht ganz auf diesem Stand ist. Setze sie in herausfordernden Situationen wie oben angesprochen ein. Doch auch im Alltag wird sie dir helfen, dich weiterzuentwickeln und zu wachsen. Dass das funktioniert, zeigt die folgende Methode, die ich in Körperspracheseminaren oft mit Erfolg eingesetzt habe.

Von innen nach außen

Suche dir freien Platz, in einem Raum oder besser noch in der Natur. Stell dich aufrecht hin, blicke gerade aus, mach große Schritte, setze die Füße energisch auf, schwing die Arme und denk: „Ich bin ein kleines Licht. Ich bin nichts und ich kann nichts." Dann stoppe und spüre nach, wie sich das angefühlt hat. War es leicht, diesen Sätzen in Gedanken zu folgen? Welche Wirkung hatte sie auf dich?

Als nächstes gehe ganz langsam, mach kleine Schritte, setze die Füße vorsichtig auf, senke den Kopf und blicke zum Boden, lass die Schultern hängen und denke „Ich bin so toll. Ich bin erfolgreich, einzigartig, beliebt, anerkannt." Dann stoppe auch hier und spüre nach, wie sich das angefühlt hat. War es leicht, diesen Sätzen in Gedanken zu folgen? Welche Wirkung hatte sie auf dich?

Und, was erkennst du? Konntest du deinen Gedanken widerstehen und die Körpersprache beibehalten? Oder haben die Gedanken deine Bewegungen verändert? Auf jeden Fall wirst du bemerkt haben, dass Haltung und Denken sich gegenseitig beeinflussen. Diese Erfahrung lehrt dich, dass das, was du über dich denkst, welche Erwartungen du im Kontakt mit anderen hast, zu einem großen Teil deine Körpersprache und damit auch die Resonanz aus deinem Umfeld bestimmen und sich somit auf dein Selbstwertgefühl auswirken. Wenn du über eine längere Zeit immer wieder eine selbstbewusste Körperhaltung einnimmst, wird im Gehirn die passende positive Emotion aktiviert und du fühlst du dich dadurch selbstsicher. Je stabiler dein Selbstwertgefühl, desto stärker strahlt das nach außen.

Selbstbewusste Körpersprache
Die Kopfhaltung

Weißt du, wie ein Tier sich verhält, wenn es spürt, dass es den Kampf verloren hat? Es hält den Kopf schräg und präsentiert die verletzliche Seite seines Halses. Wenn auch du im Gespräch diese Haltung annimmst, signalisierst du deinem Gegenüber, dass du dich unterlegen fühlst. Kein Wunder, wenn dann entsprechend mit dir umgegangen wird. Viele Frauen neigen dazu, ihren Kopf leicht schräg zu halten. Das wirkt niedlich und sympathisch, aber auch unterwürfig, auch wenn sie das nicht bewusst ausstrahlen wollen. Also halte den Kopf gerade und schau dein Gegenüber an.

Deine Kopfhaltung beeinflusst auch deine Stimme. Wenn du nach unten schaust, werden deine Worte oft nicht verstanden, weil es undeutlich klingt. Dein Gegenüber hat möglicherweise auch den Eindruck, er solle deine Worte gar nicht hören, weil es dir unangenehm ist, du dich schämst oder im schlimmsten Fall, du ihn anlügst.

Der Blick

Nur wenn du den Kopf aufrecht hältst, also auf das Gegenüber richtest, ist Blickkontakt möglich. So zeigst du Interesse, Sympathie oder Akzeptanz und gleichzeitig auch, dass man dir vertrauen kann. Das Gegenteil würdest du signalisieren, wenn du dich immer wieder abwendest, über die Schulter sprichst oder ständig auf dein Handy schaust.

Allerdings darf der Blickkontakt nicht länger als ca. drei Sekunden halten, mehr wird von vielen Menschen als unangenehm oder sogar als bedrohlich empfunden. Wende den Blick kurz ab, schau auf deine Unterlagen, deine Hände, nimm das Glas in die Hand, um danach wieder in direkten den Kontakt zu gehen.

Die Gestik

Hände unterstreichen Worte. Wie stark, das ist abhängig vom Temperament der Sprecherin, des Sprechers. Manche sind eher zurückhaltend, andere wiederum temperamentvoll und lebendig. Doch alle verbinden ihre Worte mit den Händen. Lass also auch die deinen beim Sprechen frei. Doch sei nicht zu hektisch und auf keinen Fall zu ausladend. Vergrab sie aber auf keinen Fall in deinen Taschen oder verstecke sie hinter dem Rücken. Die Parksituation deiner Hände, wenn du also gerade keine Bewegung machen möchtest, ist in Höhe deines Rock- oder Hosenbundes. Vielleicht ist dir manches Mal kalt und du möchtest deine Arme verschränken. Bei deinem Gegenüber mag dann der Eindruck entstehen, dass du dich distanzierst und gar ablehnst, was du hörst. Um so zu interpretieren, braucht es aber noch weitere nonverbale Signale wie deine Körperhaltung und dein abgewandter Blick. Für eine eindeutige Botschaft reicht also nicht nur Signal, es braucht mehrere Komponenten. Grundsätzlich aber gilt, dass „offene Arme" für eine gute Kommunikation stehen.

Ein wichtiger Bestandteil deiner Körpersprache ist dein Gesichtsausdruck. Bedecke deshalb dein Gesicht nicht mit deinen Händen, sondern führe sie höchstens bis unter das Kinn. Unsicher wirkst du, wen du an dir herumzupfst, an den Haaren, deiner Halskette spielst oder ständig über die Armlehne deines Stuhls streichst. Nimm stattdessen lieber einen Stift zu Hand.

Die Mimik

Denn das Gesicht spiegelt deine Gefühle wider, ob Freude, Wut, Trauer, Zuneigung oder Abneigung , Die Stirn, die Lippen, die Augen übersetzen, was im Augenblick in dir vorgeht. Das geschieht unbewusst. Du kannst versuchen, dich im Griff zu halten, diese Gefühle zu unterdrücken oder ein Pokerface zu machen. Ganz gelingen wird dir das nicht. Der bessere Weg ist, dich selbst in eine innere gute Stimmung zu bringen oder dich zumindest auf ein gutes Ergebnis einzustellen. Mit einem Lächeln zeigst du dem anderen, dass du einen guten Kontakt suchst, auch oder gerade wenn es darum geht, Differenzen zu diskutieren.

Die Körperhaltung

Wenn du einen Raum betrittst, bewerten dich andere als erstes aufgrund deinen Haltung. Geh deshalb aufrecht mit raumgreifenden, federnden und zügigen Schritten und einem freundlichen Blick in die Runde. So wirkst du selbstsicher. Bist du zögerlich, vorsichtig und machst dich klein, weil die Schultern nach vorne hängen und du deine Arme eng an den Körper presst, wirkt das sehr unsicher. Einen dominanten, übergriffigen Eindruck allerdings erweckst du, wenn du laut die Tür öffnest und schließt, wenn deine Schritte unüberhörbar sind und du dich sofort in den Mittelpunkt drängst.

Nicht so...

Sondern so!

Die Füße

Nicht nur Mimik und Gestik senden permanent Signale, auch unsere Füße verraten unseren Gefühlszustand. Und das oft unbewusst. Wippst du schnell mit dem Fuß kann der Auslöser Nervosität und Stress sein, aber auch Unterforderung, Langeweile bedeuten oder auch Verlegenheit. Schiebst du deine Füße nach hinten unter den Sitzplatz oder wickelst du sie gar um die Stuhlbeine wirkt das unsicher, denn du nimmst die wenig Raum. Versuche, deine Füße ruhig zu halten. Überlege vorher, was dich beunruhigt und prüfe, auf welche Weise du das beeinflussen kannst. Auch wenn dir das nicht sofort durchwegs gelingt, wirst du mehr und mehr wachsen.

Die Stimme

Die Stimme trägt einen großen Teil dazu bei, ob du mit deinen Worten überzeugst. Wenn du aufgeregt bist, möchtest du wahrscheinlich deinen Redebeitrag schnell beenden. Du nimmst dir damit aber nicht genug Raum und verwischt du die Bedeutung deiner Worte. Du überforderst die Zuhörer, sie werden dir nicht mehr folgen, sondern abschalten. Dein Tempo wirkt wie ein unausgesprochenes Signal: „Ich bin ganz schnell fertig, brauche nicht viel Zeit. So wichtig ist es auch nicht." Wenn du als Frau deinen Gesprächsbeitrag einleitest mit den Worten „Ich möchte nur schnell…" machst du selbst seine Bedeutung zunichte.

Wenn du schnell zum Ende kommen willst, machst du vermutlich auch kaum Pausen, sondern redest ohne Unterlass. Pausen aber unterstreichen die Aussagekraft und die Glaubwürdigkeit deine Worte. Deshalb erlaube dir welche. Sollte einer der Zuhörer deine kurze Pause als Chance ergreifen, sofort seine eigene Meinung kundzutun, dann leg dir einen Satz zurecht wie: „Sie können Ihre Fragen gerne am Ende meines Beitrags stellen."

Eine Beobachtung, die ich vor allem bei Frauen gemacht habe, ist, dass sie am Ende des Satzes mit der Stimme nach oben gehen. Diese Intonation bedeutet, es handelt sich um eine Frage, nicht um eine Aussage. Warum sie das tun, liegt wohl daran, dass sie anschließend mit dem Gegenüber, dem Zuhörer, ins Gespräch kommen wollen und deshalb mit ihrer Stimme schon im Vorfeld dazu einladen. Wenn du das bei dir auch feststellst, dann mach einen Punkt nach deinem Satz, geh also mit der Stimme nach unten, und füge hinzu: „Wie denken Sie darüber?"

Und jetzt:

- Was hast du ausprobiert?
- Welche Wirkung hatte eine selbstbewusstere Körpersprache auf dich?
- Welche Wirkung hatte sie im Kontakt mit anderen?
- Woran willst du weiterarbeiten?
- Was hast du über die Körpersprache anderer gelernt?

Selbstliebe

Wie stehst du zu Selbstliebe? Ist es für dich selbstverständlich, dich anzunehmen, wie du bist, mit allen Fehler und Schwächen, aber auch deine Stärken und Fähigkeiten anzuerkennen und für gut zu befinden? Oder hältst du Selbstliebe für übertrieben oder gar narzisstisch? Was heute dein Standpunkt ist, hängt zum großen Teil von deiner Erziehung ab, dem Umfeld und der Kultur, wo du aufwächst oder aufgewachsen bist, aber auch von deinem Medienkonsum. Früher gab es das Poesiealbum, in dem Einträge standen wie „Sei wie das Veilchen im Moose, sittsam, bescheiden und rein. Nicht wie die stolze Rose, die immer bewundert will sein." Heute erfahren wir beim Scrollen in den Sozialen Medien, dass Selbstliebe, die Anerkennung des eigenen Selbst, der Hebel ist, mehr Follower und Kunden anzuziehen.

Doch nicht zuletzt durch das Scrollen im Internet, aber auch durch den gesellschaftlichen Druck wird es immer schwerer, zu sich zu stehen und sich anzuerkennen. Viele kämpfen mit Selbstzweifeln, sie sind konfrontiert mit negativen Vergleichen und einem übermäßigen Fokus auf Äußerlichkeiten..

Der Hintergrund

Selbstliebe ist die Fähigkeit, sich selbst mit allen Stärken und Schwächen anzunehmen und die eigene Persönlichkeit wertzuschätzen. Die Liebe zu sich selbst ist weder zu verwechseln mit Egoismus noch hat sie etwas mit übersteigerter Eitelkeit zu tun.

Selbstliebe entsteht, wenn du mit dir selbst zufrieden bist. Ziele sind wichtig. Der Wunsch, besser zu werden, natürlich auch. Setz dich damit aber nicht zu sehr unter Druck! Wer immer nur noch mehr will und nie zufrieden sein kann und steht so seiner Selbstliebe im Weg. Sag dir stattdessen häufiger: „Es ist gut und genug so, wie es ist!" Daraus entsteht Zufriedenheit, mit deinem Leben und mit dir selbst

Was du tun kannst

Deine Selbstliebe ist stark verknüpft mit deinem Selbstwertgefühl. Wenn du schon etliche Kapitel in diesem Buch durchgearbeitet hast, bist du schon ein ganzes Stück weiter auf diesem Weg. Denn beides, Selbstliebe und Selbstwertgefühl gehören zusammen.

Das Selbstwertgefühl beschreibt, wie viel Wert und Bedeutung du dir selbst beimisst. Es ist das Gefühl, dass du wertvoll, kompetent und gut genug bist, unabhängig von den Meinungen anderer. Ein gesundes Selbstwertgefühl ermöglicht es dir, dich selbst zu akzeptieren und zu respektieren, was wiederum die Grundlage für Selbstliebe ist.

Gleichzeitig fördert Selbstliebe eben das Selbstwertgefühl. Wenn du aktiv Selbstfürsorge betreibst, dich selbst mit Freundlichkeit und Mitgefühl behandelst, steigert das dein Gefühl von Eigenwert. Du erkennst, dass du es wert bist, gut behandelt zu werden, auch von dir selbst. Selbstliebe hilft, destruktive Gedanken und Selbstzweifel zu verringern, was wiederum das Selbstwertgefühl stärkt. Wenn du dich selbst als wertvoll ansiehst, fällt es dir leichter, auch liebevoll und fürsorglich mit dir umzugehen. Du wirst dann eher bereit sein, für dein eigenes Wohl zu sorgen, dich nicht ständig zu kritisieren und dich als jemand zu betrachten, der Respekt und Zuneigung verdient.

Wenn du dir erlaubst, Fehler zu machen und dir selbst vergibst, auch das ist ein Akt der Selbstliebe, wirst du dich weniger minderwertig fühlen und dein Selbstwertgefühl bleibt stabil. Eine Vertiefung der folgenden Übungen findest du in den entsprechenden Kapiteln dieses Buches.

Übe Achtsamkeit

Achtsamkeit bedeutet, im gegenwärtigen Moment zu leben, ohne dich in negativen Gedanken oder Sorgen zu verlieren. Wenn du achtsam bist, lernst du, deine Gedanken und Gefühle zu beobachten, ohne sie sofort zu bewerten oder zu verurteilen. Du kannst dabei erkennen, wann du dich selbst negativ behandelst, und bewusst positive Gedanken einladen.

Sei nicht zu selbstkritisch

Viele Menschen neigen dazu, sich selbst zu hart zu kritisieren. Achte darauf, wie du mit dir selbst sprichst. Würdest du so mit einer Freundin reden? Versuche, negative Gedanken durch konstruktive und liebevolle Worte zu ersetzen. Statt „Ich bin nicht gut genug" könntest du denken „Ich lerne und wachse jeden Tag".

Lege den Perfektionismus ab

Niemand ist perfekt. Perfektionismus ist ein Glücksverderber. Akzeptiere dich so, wie du bist, mit all deinen Fehlern, Macken und Unvollkommenheiten. Verabschiede dich von unrealistischen Erwartungen und vergleiche dich nicht ständig mit anderen. Jeder Mensch hat seine eigene Reise und seine eigenen Herausforderungen. Den Perfektionismus abzulegen heißt nicht, sich nicht weiterentwickeln zu wollen. Es wird dafür aber ein gangbarer Weg gewählt, der ohne übergroße Belastung und Anstrengung doch zum Ziel führt.

Setze Grenzen

Hilfsbereitschaft ist eine wunderbare Tugend, aber nicht, wenn darüber deine eigenen Bedürfnisse vergisst. Lerne, „Nein" zu sagen, wenn etwas nicht gut für dich ist und dich überfordert. Grenzen zu setzen bedeutet, dass du dich selbst und deine Zeit respektierst. Es ist wichtig, dich nicht ständig über deine eigenen Belastungsgrenzen hinaus zu verausgaben, nur um anderen zu gefallen.

Lass Fehler zu und verzeihe dir

Sei freundlich zu dir selbst, wenn du Fehler machst. Wir alle machen Fehler, und sie sind Teil des Wachstumsprozesses, sie sind menschlich. Anstatt dich für deine Fehler zu verurteilen, übe dich in Selbstvergebung und lerne daraus. Fehler sind Chancen, um zu wachsen.

Sage dir „Ich darf Fehler haben." Du musst nicht alles können, wissen oder erreichen… Das ist kein Grund, sich zu grämen oder Abneigung gegen die eigene Person zu empfinden. Liebe deine Stärken bewusst.

Mach dir selbst ein Geschenk

Selbstliebe zeigt sich oft in der Selbstfürsorge. Achte darauf, dass du dir regelmäßig Zeit für Dinge nimmst, die dir guttun. Das kann Schlaf, gesunde Ernährung, Bewegung, Hobbys oder Entspannung sein. Höre auf deinen Körper und Geist, und höre auf deine eigenen Bedürfnisse und erfülle sie. Du bist nicht auf der Welt, nur zu tun, was andere brauchen.

- Stell dir einen Blumenstrauß zu Hause auf.
- Auch wenn du alleine essen musst, decke den Tisch schön.
- Geh spazieren und schau genauer hin.
- Was siehst und hörst du? Die Blumen im Park, das Rauschen der Blätter, der Duft des Flieders, das Kreischen der Möwen. Mach etwas, was dir Freude macht.
- Repariere etwas, was kaputt ist.
- Öffne das Fenster und lass frische Luft herein, atme durch.
- Lächle jemanden an und du bekommst meist ein Lächeln zurück
- Lass los, was dich an schlechte Zeiten erinnert.

Ich sorge gut für mich.

Überfordere dich nicht und nutze dich nicht aus! Wenn du müde oder gar erschöpft bist, ist es höchst Zeit, eine wohlverdiente Pause zu machen. Wenn du dich schwach oder krank fühlst, zwinge dich nicht zu großen Anstrengungen. Behandle dich selbst gut und nimm Rücksicht auf dich.

Denk an das Gute

Übe dich in Dankbarkeit, indem du täglich über Dinge nachdenkst oder aufschreibst, für die du dankbar bist, auch für positive Eigenschaften an dir selbst. Konzentriere dich auf deine Erfolge und Stärken, anstatt dich auf das zu fokussieren, was du noch verbessern möchtest. Sage häufiger „Danke." Nicht nur für all die Dinge, die du schon hast, sondern vor allem zu dir selbst. Hast du eine gute Entscheidung getroffen? Etwas Wichtiges erledigt? Einen Erfolg erreicht? Dann danke dir selbst. So verstärkst du den positiven Eindruck und machst dir wieder bewusst, dass du Gutes schaffst, statt nur Negatives zu sehen.

Umgib dich mit positiven Menschen

Umgebe dich mit Menschen, die dich unterstützen, lieben und dir guttun. Vermeide Personen, die dich kritisieren, dich runterziehen oder toxisch sind. Ein unterstützendes Umfeld kann enorm dabei helfen, deine Selbstliebe zu stärken.

Setze dir Ziele und Zwischenetappen

Erkenne an und feiere deine Fortschritte, egal wie klein sie erscheinen mögen. Doch setze dich damit aber nicht zu sehr unter Druck! Es ist falsch, dabei einen unrealistischen Maßstab anzulegen. Wer immer nur noch mehr will und nie zufrieden sein kann, steht seiner Selbstliebe im Weg. Sage dir stattdessen häufiger: „Es ist gut und genug so, wie es ist!" Daraus resultiert große Zufriedenheit, mit den Umständen und mich sich selbst. Das Erkennen von Erfolgserlebnissen gibt dir ein Gefühl der Erfüllung und stärkt dein Selbstwertgefühl.

Hol dir professionelle Hilfe

Wenn du merkst, dass es dir schwerfällt, Selbstliebe zu entwickeln, kann es hilfreich sein, Unterstützung von einem Coach oder Therapeuten zu suchen. Manchmal stecken tiefere Blockaden oder alte Wunden dahinter, die mit professioneller Hilfe bearbeitet werden können. Selbstliebe bedeutet, dich selbst in deinem täglichen Leben zu schätzen, dir Gutes zu tun und in schwierigen Momenten geduldig mit dir zu sein. Mit der Zeit kannst du eine stärkere, positivere Beziehung zu dir selbst aufbauen.

Nicht die Glücklichen sind dankbar.
Es sind die Dankbaren, die glücklich sind.
Francis Bacon, Philosoph und Staatsmann

Bist du dankbar?

Bist du dankbar für das, was dein Leben ausmacht? Oder bist du oft unzufrieden? Wenn eher letzteres auf dich zutrifft, solltest du dich damit auseinandersetzen. Denn Dankbarkeit ist eine wichtige Säule für deinen Selbstwert. Wenn du dankbar bist, konzentrierst du dich stärker auf die schönen Dinge, das hebt dein Lebensgefühl. Ein starkes Selbstwertgefühl wiederum trägt dazu bei, dass dir immer häufiger bewusst wird, was alles in deinem Leben wunderbar ist. Dieser Kreislauf bewirkt, dass du dich insgesamt glücklicher und erfüllter fühlst. Ein großes Geschenk. Dankbarkeit stärkt die seelische Immunabwehr und setzt Dopamin und Serotonin frei – beide Hormone sind echte Glücklichmacher.

Natürlich kommen immer wieder Dinge vor, die schief gehen und die du dir anders wünschst. Das passiert jedem. Aber wenn du all deine Pluspunkte in die Waagschale wirfst, wirst du feststellen, dass diese ein größeres Gewicht haben. Denn für jeden von uns gibt es vieles, das gut und schön ist. Sachen, die eigentlich das Gefühl von Dankbarkeit könnten wachsen lassen. Doch leider werden wir uns dieser Pluspunkte nicht bewusst oder wir nehmen sie als selbstverständlich hin. Im Trubel des Alltags vergessen wir schnell, wie gut es uns eigentlich geht. Wir hetzen durch unseren Tag, arbeiten unter Stress unsere To-Do-Listen ab und ärgern uns sogar über uns selbst, wenn wir uns gesundheitlich nicht wohl fühlen. Und wenn wir dann wieder gesund sind, sind wir immer noch unzufrieden, weil wir viel durchmachen mussten, um wieder fit zu sein und dass es so lange es gedauert hat.

Als ich einmal morgens unter der Dusche stand, zuckte ich zusammen: Es kam nur eiskalt aus der Leitung. Ein Fehler in der Heizung. Der Kundendienst wurde schnell fündig und schon Stunden später floss das heiße Wasser wieder. Ein Genuss. Dieser kurze Ausfall aber machte mir auch bewusst, wie sehr wir Dinge für selbstverständlich halten. Es ist normal, dass wir Strom haben, eine Wohnungstür hinter uns schließen können, uns beim Einkaufen eine große Auswahl zur Verfügung steht. Stattdessen sind wir sehr schnell dabei aufzuzählen, was uns fehlt im Leben, was wir noch bräuchten, um glücklich, oder zumindest zufrieden zu sein. Das geht sogar schon Kinder so. Ich erinnere mich an den vierten Geburtstag meines Sohnes. Er bekam den Traktor, den er sich schon lange sehnlichst gewünscht hatte. Und was sagt er nach dem Auspacken des Geschenks? „Wenn ich jetzt noch einen Güllewagen kriege, kann ich richtig spielen."

Dabei muss es nicht bleiben, denn Dankbarkeit lässt sich trainieren. Wie, das möchte ich dir mit den folgenden Übungen zeigen. Bau die eine oder andere in deinen Alltag ein. Lass es mehr und mehr zu deiner Gewohnheit werden, auf das Gute zu achten. Damit tust du dir den größten Gefallen: Du wirst optimistischer, fühlst dich mit anderen Menschen stärker verbunden, wirst wieder schneller gesund, lässt den Stress weniger an dich herankommen und du traust dir mehr zu. Dein Wohlbefinden steigert sich erheblich und deine Lebenseinstellung wird positiver und positiver.

Was du tun kannst
Ein Ritual für jeden Tag

Gewöhne dir an, gleich am Morgen nach dem Aufwachen dich gut in den Tag einzustimmen. Das gelingt dir, wenn du statt darüber nachzudenken, welche Schwierigkeiten dich möglicherweise erwarten, dir vorstellst, worauf du dich freust und was Gutes passieren kann. Mit diesem Ritual fokussierst du dich auf die positiven Seiten des Tages. Noch besser ist es, diese inneren Bilder in einigen Stichworten festzuhalten.

Das Gleiche mache am Abend. Lass vor dem Schlafengehen den Tag noch einmal in Gedanken Revue passieren. Leg ein kleines Notizbuch auf deinen Nachttisch, um deine Erinnerungen darin zu notieren: Was hat geklappt? Welche Freude durftest du erleben? Welche besonderen Menschen sind dir begegnet? Welche schönen Worte wurden dir gesagt? Welche schönen Dinge sind dir aufgefallen? Oder ist dir aufgefallen, dass dein Nachbar dir freundlich zugenickt hat? Dass du den Bus noch erreicht hast? Dass dir der Name deines Gegenübers gerade noch rechtzeitig eingefallen ist? Schreib zumindest immer drei Dinge auf. Dieses Ritual wird dir einen ruhigen Schlaf schenken und deine Tage verschönern.

Die kleinen Dinge im Leben

Kleine Dinge, dir wir jeden Tag tun, lenken unser Leben in eine bestimmte Richtung. Veränderungen müssen nicht groß sein. Sie beginnen mit kleinen Handlungen, die du jeden Tag in deinen Alltag einbaust. Sie summieren sich mit der Zeit und haben langfristig einen positiven Einfluss auf dein Wohlbefinden und deine mentale Gesundheit. Es beginnt mit den Gewohnheiten, die für deine Gesundheit förderlich, dem ausreichenden Schlaf, der Bewegung in frischer Luft, dem gesunden Essen und regelmäßigen Glas Wasser. Auch Menschen, die dir gut tun, das Lächeln, das du anderen schenkst, die Zeit, die du deinen Hobbys widmest und aufbauende, inspirierende Lektüre sind Bausteine, die dein Leben in die richtigen Bahnen lenken.

Die positive Liste des Lebens

Wir sehen oft nur, was uns noch fehlt im Leben und machen uns nicht bewusst, wie gut wir es eigentlich haben. Wenn auch du das aus dem Blick verloren hast, lies gerne noch mal den Text auf der Seite nach diesem Kapitel. Und dann schreib auf, wieviel Glück du eigentlich hast im Leben und wofür du dankbar sein solltest: Du hast ein Dach über dem Kopf, es gibt die Natur, in der du dich erholen kannst, du hast zu essen und zu trinken, hast etwas anzuziehen und kannst lesen und schreiben.

Dir fällt nichts mehr ein? Dann möchte ich dir mit einigen Fragen weiterhelfen:

- Kannst du morgens aufstehen, dich ohne fremde Hilfe fertigmachen?
- Hast du ein Radio, ein Handy, das dir schöne Musik bietet?
- Kennst du jemanden, mit dem du telefonieren oder direkt sprechen kannst?
- Musst du, wenn du aus der Haustür trittst, um dein Leben fürchten?
- Bleibt bei dir der Müll auf der Straße liegen?
- Hast du Strom im Haus?
- Auch wenn du krank bist, kannst du dich fragen: Was geht dennoch? Wo bin ich nicht eingeschränkt?

Natürlich magst du nun einwenden, schön, schön, aber ich würde es gerne noch besser haben. Das ist die übliche Sichtweise. Doch wie wäre es, wenn die Dinge, die du jetzt in deinem Leben hast, nicht mehr da wären? Wie würde sich das anfühlen? Mach dir das bewusst und du wirst merken, dass du allen Grund hast, dankbar zu sein. Denn meistens ist es so, dass, wenn wir haben, was wir uns wollten, neue Wünsche entstehen. Es ist ein Kreislauf.

Die Menschen in deinem Leben

Es gab in deinem Leben sicher Menschen, die dich unterstützt haben, dir Vorbild waren, die dir Zeit geschenkt haben oder mehr. Wer waren sie? Versuche dich zu erinnern und notiere deren Namen. Schlüpf noch einmal in diese Phasen deines Lebens, in denen sich das Blatt durch deren Zutun zum Guten gewendet hat. Wie wäre es anders gelaufen ohne ihren wertvollen Beitrag?

Wenn deine Liste kurz ist

Dir ist nur wenig eingefallen, wofür du dankbar bist? Das liegt vermutlich daran, dass dir vieles selbstverständlich ist im Leben und du den Wert nicht mehr erkennst. Schau dich einmal um in deinem Zimmer, deiner Wohnung, deinem Haus. Was wäre, wenn es bestimmte Dinge nicht mehr gäbe, worauf würdest verzichten können? Auf dein Bett? Würdest du auf dem Boden schlafen wollen? Darauf, dass du deine Wohnungstür abschließen kannst? Und damit akzeptieren, dass jeder einfach so reinkommen könnte? Natürlich kannst du das auch auf die Menschen in deinem Umfeld übertragen. Was wäre, wenn dein Partner nicht mehr da wäre oder dein Kind? Klar, sie nerven manchmal, doch gibt es nicht auch viele Momente, in denen sie dir gut tun? Also verlängere deine Liste und sei dir bewusst, wie sehr dein Leben dadurch schöner und wertvoller wird.

Schreib ein Dankeschön

Du hast von anderen hilfreiche Informationen erhalten? Dir hat jemand einen wichtigen Kontakt vermittelt oder Zeit geschenkt und sich deine Probleme angehört? Dann nimm es nicht als selbstverständlich hin, sondern bedanke dich. Statt ein flüchtiges Dankeschön zu sagen oder eine Kurznachricht zu verschicken, schreib lieber eine Karte oder einen Brief. Was mit der Post kommt und erst recht, wenn es handgeschrieben ist, ist wertvoller als alle mündlichen Worte oder eine Mail. Denn diese verschwinden meist sehr schnell wieder. Was du mit einem Danke schenkst, kommt irgendwann auch wieder zu dir zurück.

Doch auch wenn du deinen Brief hinterher lieber nicht abschickst, hat dir das Schreiben geholfen, Dankbarkeit zu empfinden und dich der Geschenke von anderen bewusst zu machen.

Du tust mir so gut

Sag danke

Weißt du, wie du deine eigene Stimmung anheben kannst und gleichzeitig die deiner Mitmenschen? Indem du freundliche Gesten machst und auch registrierst, wenn dir eine solche entgegengebracht wird. Du

Du siehst also, dass in allem, was dir in deinem Leben nicht gefällt, es immer noch Teile gibt, die deinen Vorstellungen entsprechen. Dann konzentriere dich darauf und reg dich nicht immer darüber auf, was dich stört.

Wofür wir dankbar sein sollten, es aber oft nicht mal registrieren.

Für...

den Partner, der mir jede Nacht die Decke wegzieht, weil es bedeutet, dass er mit niemand anderem unterwegs ist,

das Kind, das nicht sein Zimmer aufräumt und lieber fern sieht, weil es bedeutet, dass es zu Hause ist und nicht auf der Straße,

die Steuern, die ich zahlen muss, weil es bedeutet, dass ich eine Beschäftigung habe,

die riesige Unordnung, die ich nach der gefeierten Party aufräumen muss, weil es bedeutet, dass ich von Freunden umgeben war,

die Kleidung, die mal wieder zu eng geworden ist, weil es bedeutet, dass ich genug zu essen habe,

den Schatten, der mich bei meiner Arbeit „verfolgt", weil es bedeutet, dass ich mich im Sonnenschein befinde,

den Teppich, den ich saugen muss und die Fenster, die geputzt werden müssen, weil es bedeutet, dass ich ein Zuhause habe,

die vielen Beschwerden, die ich über die Regierung höre, weil es bedeutet, dass wir die Redefreiheit besitzen,

die Straßenbeleuchtung, die so endlos weit von meinem Parkplatz weg ist, weil es bedeutet, dass ich laufen kann und ein Beförderungsmittel besitze, die hohe Heizkostenrechung, weil es bedeutet, dass ich's warm habe,

die Frau hinter mir in der Kirche, die so falsch singt, weil es bedeutet, dass ich hören kann,

den Wäscheberg zum Waschen und Bügeln, weil es bedeutet, dass ich Kleider besitze,

die schmerzenden Muskeln am Ende eines harten Arbeitstages, weil es bedeutet, dass es mir möglich ist hart zu arbeiten,

den Wecker, der mich morgens unsanft aus meinen Träumen reißt, weil es bedeutet, dass ich am Leben bin,

und schließlich: die vielen nervenden E-Mails, weil es bedeutet, dass ich Freunde habe und es genügend Menschen gibt, die an mich denken

...und solltest du glauben, Dein Leben wäre „beschissen",dann lies dies noch einmal!

Wofür bist du dankbar?

Grübeln

Jeder hat mal schlechte Laune. Nicht alle Tage laufen so, wie man es sich wünscht. Während die einen leichter über schwierige Situationen hinwegkommen und sich darauf konzentrieren, wie es nun weitergeht, sind andere im Grübeln verhaftet. Sie versuchen herauszufinden, welche Schuld sie auf sich geladen und welche Fehler sie gemacht haben. Wo stehst du im Augenblick? Bist du eher optimistisch oder lässt du dich von negativen Gedanken klein machen? Negative Gedanken sind eine Spirale von Selbstkritik, übertriebenen Ängsten, von Pessimismus, Katastrophendenken und Perfektionismus. Sie zu unterdrücken, ist kein guter Weg, denn sie machen dich krank. Und nicht nur das. Sie schwächen dein Selbstwertgefühl, sodass du in Zukunft bestimmt Situationen und Herausforderungen meiden wirst.

Der Hintergrund

Negative Gedanken und Gefühle sind eng miteinander verbunden, oft verstärken sie sich gegenseitig. Ihr Ursprung sind Rückschläge im Leben, unverarbeitete problematische Erlebnisse, persönliche Angriffe durch andere, durch Stress und Angst. Negative Gedanken können auch ausgelöst werden, weil zukünftige Ereignisse als Katastrophe erwartet werden. All das führt zu einem Teufelskreis, der das Wohlbefinden beeinträchtigt und ungute Emotionen aufrechterhält. Denn unterdrückte negative Gefühle sind wie ein Ball, den man unter Wasser drückt. Irgendwann kommen sie mit Wucht an die Oberfläche. Um diesen Kreislauf zu durchbrechen, ist es wichtig, sowohl an den Gedanken als auch an den Gefühlen zu arbeiten, indem man negative Denkmuster hinterfragt, die Gefühle reguliert, und trotz negativer Emotionen positiv zu handeln. Es gibt Techniken, sich negativer Denkmuster bewusst zu werden und sie zu verändern. Sollte das nicht gelingen, ist eine Verhaltenstherapie der bessere Weg.

Was du tun kannst
Nimm die Gedanken an und distanziere dich

Als Erstes: Verdränge diese Gedanken nicht, sondern nimm sie wahr und akzeptiere sie, ohne sie sofort zu verurteilen. Angenommen, dich plagt die Vorstellung „Mein Chef ist unzufrieden mit mir, obwohl er nichts gesagt hat." Woran machst du das fest? Du nimmst etwas an, was nicht der Wahrheit entspringen muss. Sei dir also bewusst, „Das ist nur ein Gedanke." Denn du hast keine Ahnung, wie er dich einschätzt. Das erfährst du nur in einem Gespräch mit ihm.

Mache folgende Schritte der Distanzierung: „ Ich habe diesen Gedanken." Dann: „Ich bemerke, dass ich diesen Gedanken habe." Und als nächsten Schritt: „Ich beobachte mich dabei, wie ich bemerke, dass ich diesen Gedanken habe."

Was würde dann passieren?

Deine Gedanken gaukeln dir eine Katastrophe in der Zukunft vor? Dann überlege doch einmal genauer, was deiner Meinung nach passieren könnte. Angenommen, du bist bei einer Geschwindigkeitsübertretung ertappt worden und hast nun Angst, ein Fahrverbot zu bekommen. Welche Gedanken würden dir nun kommen? „Könnte das heißen, dass ich den Führerschein für vier Wochen abgeben muss? Aber dann, was mache ich denn dann?"

Jetzt finde Lösungen, anstatt dich im Kreis um das Problem zu drehen. Du könntest mit dem Bus fahren. Was wäre dann? Du müsstest früher aufstehen. Du könntest mit dem Rad fahren. Was wäre dann? Du bräuchtest vielleicht Regenkleidung. Du könntest einen Kollegen fragen, ob er dich abholt. Was wäre dann? Du müsstest herausfinden, wer die Strecke fährt, die an deiner Wohnung vorbeiführt. Am Ende könnte dieses Gedankenspiel sogar bedeuten, dass du eine der Alternativen wählst, die, auch wenn das Fahrverbot nicht kommt, einleuchtet und du sie für gut befindest.

Überprüfe deine Gedanken

Negative Gedanken entsprechen oft nicht der Realität. Ob sie übertrieben oder verzerrt sind, lässt sich am besten mit folgenden Fragen überprüfen.

- Wie wahr ist dieser Gedanke?
- Kann ich mit absoluter Sicherheit sagen, dass der Gedanke wahr ist?
- Welche Gefühle löst dieser Gedanke aus?
- Wie fühle ich mich ohne diesen Gedanken?
- Wie könnte ich diesen Gedanken umkehren?
- Gibt es Beweise, die das Gegenteil zeigen?
- Welche alternativen Perspektiven gibt es?
- Würde eine außenstehende Person diesem Gedanken zustimmen?

Weniger denken

Ändere deinen Wortschatz

Wenn Du wiederholt negative Sätze verwendest, sei es in Selbstgesprächen oder in der Kommunikation mit anderen, dann schmälern sie dein Selbstbild. Du denkst, ich bin unfähig, ich versage, bin dumm oder schwach, auch wenn es objektiv nicht stimmt. Diese Denkweise führt zur selbsterfüllenden Prophezeiung. Ersetze also negative Worte durch positive Formulierungen.

| Das ist ein Hindernis. | Das ist eine Herausforderung. |
| Das ist unmöglich. | Das ist wenig wahrscheinlich. |

Schon wieder ein Misserfolg.	Das ist eine Lektion für mich.
Ich habe versagt.	Ich lerne daraus.
Ich bin dumm.	Ich habe das noch nicht verstanden, aber ich arbeite daran.
Das krieg ich nie hin.	Es wird schwer, doch ich werde es Schritt für Schritt lernen.

Beende das Grübeln

Lass nicht zu, dass negative Gedanken dich ständig belasten. Schenk ihnen eine Grübelzeit, ungefähr 15–30 Minuten am Tag. Trage diesen Termin in deinem Kalender ein, am besten am Nachmittag. Lieber nicht vor dem Zubettgehen, denn du willst nachts ja schlafen und nicht grübeln. In der Grübelzeit darfst du dir uneingeschränkt Sorgen machen. Doch sollten außerhalb dieses Zeitfensters wieder negative Gedanken auftauchen, dann werde resolut. „Stopp! Jetzt nicht!"

Schreib auf

Manchen hilft es, negative Gedanken aufzuschreiben, um sie aus dem Kopf zu bekommen und zu ordnen. Halte deine negativen Gedanken fest und notiere daneben eine alternative, realistischere Sichtweise. Du könntest auch eine Liste mit Gründen erstellen, warum dein ursprünglicher Gedanke nicht ganz wahr ist. Das Aufschreiben wird dir helfen, Muster zu erkennen und die Gedanken in Worte zu fassen, anstatt sie diffus im Kopf kreisen zu lassen.

Formuliere um

Wenn du deine Gedanken schriftlich festgehalten hast, suche eine andere Wendung. Konzentriere dich auf positive Aspekte oder alternative Gedanken. Alternative Gedanken beschreiben eine positivere oder realistischere Sichtweise der Situation. Die bewusste Umformulierung in positive Gedanken ist eine besonders gute Übung.

- Welcher negative Gedanke beschäftigt dich? „Ich werde diese Prüfung sicher nicht bestehen."
- Frage: „Habe ich mich vorbereitet? Habe ich schon ähnliche Herausforderungen gemeistert?"
- Alternativer Gedanke: „Ich habe mich gut vorbereitet, und es ist okay, nervös zu sein. Ich werde mein Bestes geben.

Sprich positiv mit dir

Selbstgespräche haben eine große Macht über unsere Gefühlswelt. Sprich mit dir selbst so, wie du mit einem guten Freund sprechen würdest. Sei freundlich, ermutigend und mitfühlend, anstatt dich selbst zu kritisieren oder niederzumachen. Anstatt „Ich bin eine Versagerin.", könntest du sagen: „Ich habe einen Fehler gemacht, aber ich kann daraus lernen und es beim nächsten Mal besser machen."

Etabliere positive Gewohnheiten

Gewohnheiten oder Routinen, die Freude und Zufriedenheit bringen, werden helfen, negative Gedanken zu minimieren. Dies könnten tägliche kleine Aktivitäten sein, die dich glücklich machen. Wie wäre es mit Lesen, Malen, Spazierengehen oder Sporttreiben? In der Zeit, die du auf solche angenehme Weise verbringst, bleibt kein Raum für negative Gedanken.

Vor allem Bewegung und Sport sind sehr effektiv, um negative Gedanken zu reduzieren. Bewegung hilft, Stress abzubauen und Endorphine freizusetzen, die als „Glückshormone" wirken. Schon ein kurzer Spaziergang an der frischen Luft kann den Kopf frei machen. Sport wirkt nicht nur kurzfristig, sondern kann auch langfristig helfen, eine positivere Denkweise zu fördern.

Sprich mit anderen

Öffne dich gegenüber Freunden oder wohlgesonnenen Verwandten und sprich mit ihnen über deine Gedanken. Es ist vollkommen okay, um Unterstützung zu bitten, besonders wenn die negativen Gedanken überwältigend sind. Ein Gespräch kann oft entlastend sein. Manchmal hilft es, eine Außenperspektive zu bekommen, um negative Gedankenschleifen zu durchbrechen. Menschen, denen du vertraust, können dich ermutigen und dir helfen, eine objektivere Sichtweise zu entwickeln.

Es ist wichtig zu verstehen, dass negative Gedanken Teil des Lebens sind und manchmal unvermeidbar sind. Anstatt gegen sie anzukämpfen, kannst du lernen, sie zu akzeptieren, ohne sie dein Handeln und deine Gefühle bestimmen zu lassen.

Steigere deine positiven Gefühle

- Nimm dir Zeit, das Gute zu sehen.
- Du könntest dir eine gute Zukunft erträumen und alles, was für dich dazugehört, visualisieren.
- Du könntest das Gute genießen, pass täglich in deinem Leben passiert. Sollte das nicht möglich sein, dann erlaube dir zumindest zu festzustellen, das geht vorbei. Es sollte nicht dein Ziel sein, das Negative zu verbannen, die Augen zu öffnen, um den Silberstreif am Horizont zu erkennen.
- Du könntest den erlebten Tag im Ganzen bewerten. Dies ergibt eine größere Wirkung als die Erlebnisse im Einzelnen zu betrachten. So lernst du, dich an die positiven Momente zu erinnern. Mehr und mehr wirst du sie dann auch in der Zukunft bewusst wahrnehmen.

Und jetzt:

Was hast du ausprobiert?
Welche negativen Gedanken sind dir bewusst geworden?
Von welchen Gedanken konntest du dich verabschieden?
Welche Wirkung hatte das auf dich?
Woran wirst du weiterarbeiten?

Selbstbestimmt leben

Lebst du selbstbestimmt oder richtest du dich nach den Erwartungen und Wünschen anderer? Selbststimmt leben bedeutet, dass du dein Leben so gestaltest, wie du es dir vorstellst und wie es zu deinen Werten passt. Das betrifft deine Karriere ebenso wie deine Beziehungen, deine Freizeitgestaltung wie auch die Bedürfnisse deines Körpers, damit du gesund bleibst. Selbstbestimmt zu leben heißt, Klarheit darüber zu haben, was dir wichtig ist und dafür zu sorgen, dass du dies weitgehend umsetzen kannst. Du triffst deine eigenen Entscheidungen und bist bereit, dafür etwas zu tun. Denn selbstbestimmt leben heißt auch, die Verantwortung dafür zu übernehmen.

Der Hintergrund

Selbstbestimmung ist eine wichtige Voraussetzung für ein gesundes Selbstwertgefühl. Wenn du spürst, dass andere Menschen ständig über dein Leben bestimmen, dann verlierst du irgendwann die Achtung vor dir selbst. So zu leben wie du es dir wünschst, bedeutet, die Opferrolle zu verlassen, eigene Entscheidungen zu treffen. Denn andere Menschen tragen keine Schuld an dem Leben, das dich belastet, das nicht gut tut. Die Verantwortung, was du mit dir machen lässt und was nicht, liegt allein bei dir. Indem du dir diese Tatsache bewusst machst, bist du in der Lage, wirklich selbstbestimmt zu handeln. Du bist ein erwachsener Mensch, der seine eigenen Entscheidungen umsetzt und Grenzen zieht.

Es könnte allerdings auch Situationen geben, mit denen du dich arrangierst, weil du glaubst, es liege nicht in deiner Hand, sie zum Besseren zu wenden. Finde in diesem Fall heraus, ob du dennoch positive Seiten findest, auf die du nicht ungerne würdest verzichten wollen. Du bist z.B. mit deinem Lohn nicht zufrieden, doch der Weg zur Arbeit ist kurz und dein Chef erlaubt dir, die Arbeits- und Anwesenheitszeiten anzupassen an die Schulferien oder wenn deine Kinder krank sind. Das ist dir wichtiger, du akzeptierst es. Dennoch solltest du Ausschau halten, ob es nicht doch eine Alternative gibt. Vielleicht hast du dich schon zu sehr damit abgefunden.

Manch ein Wunsch lässt sich also nicht zu 100% verwirklichen, doch er ist auch nie zu 100% ausgeschlossen. Es geht darum, abzuwägen, Position zu beziehen, Wichtigkeiten und Prioritäten herauszufinden. Und dann bewusst zu entscheiden: Das mache ich jetzt so. Oder auch: Das lasse ich jetzt. Wenn du nichts findest, was dir gut tut, ist es Zeit zu handeln. Denn sich belastenden Situationen nehmen dir nicht nur die Lebensfreude, sie machen dich krank.

Was du tun kannst
Wie lebst du im Augenblick?

Unser Leben besteht aus vielen Bereichen, die sich gegenseitig beeinflussen. Es macht also wenig Sinn, dich nur in der einen oder anderen Facette so einzurichten, dass du zufrieden bist. Mach eine Reise durch dein Leben, prüfe jeden Bereich, und notiere: Wo fühlst du dich wohl, was würdest du gerne ändern? Womit bist zu zufrieden? Oder gar glücklich? Nimm dir Zeit, darüber nachzudenken und deine Erkenntnisse festzuhalten: Arbeit, Familie und Beziehung, Wohnung, Freundeskreis, Gesundheit, Finanzen…

- Gibt es am Arbeitsplatz, in der Beziehung zu deinen Kollegen etwas, was nicht rund läuft?
- Hast du den Überblick über deine Finanzen verloren und brauchst Klarheit?
- Wäre es an der Zeit, mehr für deine Gesundheit, deinen Körper zu tun?
- Wie sieht deine Partnerschaft aus? Ist sie harmonisch oder seid ihr im Streit?
- Was ist mit deiner Beziehung zu den Eltern, Kindern, Verwandten?
- Möchtest du gerne etwas Neues lernen?
- Findest du Erfüllung in der Freizeit?
- Fühlst du dich wohl an deinem Arbeitsplatz, in deiner Beziehung?
- Hast du Zeit für dich und deine Bedürfnisse oder steckst du in einem Hamsterrad fest?
- Übernimmst du Arbeiten, die du eigentlich nicht willst?

In meinem Buch „Kein Jahr wie das andere. Leben, wie ich es will" habe ich für alle Lebensbereiche Fragen aufgelistet und gebe zusätzlich Impulse, Dinge, die dir nicht gefallen, zum Besseren zu wenden. Mehr dazu auf der letzten Seite.

Ein anderer Weg: Beginne zu träumen

Vielleicht macht es dir mehr Spaß, Antworten auf die Frage zu suchen, wie dein ideales Leben aussehen soll. Was wünschst du dir? Was würdest du mit deinem Leben anfangen, wenn dir alle Möglichkeiten offen stünden? Lass deiner Fantasie und deinen Träumen freien Lauf. Welchen Sinn möchtest du deinem Leben geben? Vergiss jegliche Erwartung anderer. Du darfst groß denken, lass dich nicht abhalten von Sätzen wie „Das geht doch nicht." Notiere alle deine Ideen. Mal dir aus, wie du lebst und wann du dich rundum glücklich fühlst. Anschließend lies in Ruhe durch, was du aufgeschrieben hast. Was lösen diese Vorstellungen bei dir aus? Wie fühlst du dich? Wie sieht dein glückliches Leben aus? Welche Überschrift würdest du ihm geben?

Beschreibe deinen Traum

Ich möchte dich noch an einem anderen Weg teilhaben lassen, einem Weg, der für mich bereits mehrfach funktioniert hat. Fast zwei Jahre lang hatte ich nach dem richtigen Haus gesucht und vieles probiert: Annoncen gelesen und darauf geantwortet, Makler beauftragt, über Freunde nach Ideen gesucht, Besichtigungen gemacht. Nichts brachte mich weiter. Dann hatte ich eine Idee, nämlich genau zu beschreiben, wovon ich träumte: Die Zahl der Zimmer, die Lage, die Möglichkeit, Arbeit und Familie zu verbinden, bis ins kleinste Detail. Was passierte? Keine zwei Wochen später rief der Makler an. Es sei ein neues Angebot gekommen, was mich interessieren dürfte. Bei der Besichtigung kam ich aus dem Staunen nicht mehr heraus. Das Haus entsprach genau meinen Wünschen. Ja gut, es hatte keine blauen Fensterläden, doch alles andere stimmte. Wie wäre es, wenn du deinen Traum auch ganz genau beschreiben würdest? Probiere es aus.

Sobald wir unsere Vision beschreiben, richten wir den inneren Kompass aus. Wir kommen in eine andere Schwingung und werden empfänglicher für Impulse von außen, die wir sonst nicht wahrnehmen würden. Wir folgen nicht nur unserem Kopf, sondern reagieren auch auf innere Impulse und zarte Signale, wir lassen uns durch sie anregen.

Die Zeitachse

Für diese Übung brauchst Du ein großes Blatt Papier und farbige Stifte. Schalte gerne deine Lieblingsmusik ein, sie wird dich entspannen und lässt deine innere Stimme erklingen. Und nun frag dich: Wie stelle ich mir mein Leben in fünf Jahren vor?

- Wo wirst du sein?
- Was wirst du arbeiten?
- Wer ist an deiner Seite?
- Wie verläuft dein Tag?
- Was siehst du?
- Was hörst du?
- Was machst du, wenn du nicht arbeitest?

Schreib auf, was dir in den Sinn kommt. Geh gedanklich in dieser Situation, schwelge in deinen Gefühlen, lass ein inneres Bild entstehen. Du wirst nur erreichen, was du dir auch vorstellen kannst.

Mach dir ein echtes Bild

Deine Worte bekommen eine noch stärkere Wirkung, wenn du dein Ziel zusätzlich visualisierst. Finde einen Titel für dein Bild: „Das Leben, das mich glücklich macht". Oder du wählst die genaue Überschrift für einen Aspekt deines zukünftigen Lebens. „Meine Reise um die Welt", „Meine Karriere", „Meine erfüllte Partnerschaft". Besorge dir Zeitungen und Zeitschriften, alte Fotos, Prospekte oder Postkarten. Wenn du nichts Passendes findest, kannst du dir auch Fotos aus dem Internet ausdrucken. Du verwendest sie ja nur für dich, dann ist es erlaubt. Schneide nun die zu Träumen passenden Bilder, Zitate, Worte und Symbole aus, solche, auf jeden Fall solche, die eine positive emotionale Reaktion bei dir auslösen und dein Herz höher schlagen lassen. Dann klebe sie auf eine stabile Seite, am besten auf einen Karton oder auf dickes Packpapier. Du kannst das Ganze mit auch mit kleinen Gegenständen, sie sich anpinnen lassen, kombinieren.

Ordne alles so an, wie es dir gefällt. Die fertige Collage lass aber nun nicht der Schublade verschwinden, sondern hänge sie so auf, dass dein Blick immer wieder darauf fällt. Dein Unterbewusstes wird die Botschaft abspeichern und dafür sorgen, dass du am Ball bleibst. Denn jedes Mal, wenn du sie anschaust, lenkst du deine Gedanken in die gewünschte Richtung. Du ziehst an, was du möchtest.

Finde deine Affirmationen

Affirmationen sind positive Aussagen, die du dir selbst sagst, um positive Veränderungen im Denken und Verhalten zu erreichen. Wenn du sie regelmäßig wiederholst, helfen diese Sätze, Selbstzweifel zu überwinden und steigern auf der anderen Seite deine Motivation, das Ziel im Auge zu behalten und konsequent Schritt in diese Richtung zu gehen. Hier sind einige Beispiele für Affirmationen, die helfen können, Ziele zu erreichen:

- Ich bin in der Lage, meine Ziele zu erreichen und ich tue es mit Leichtigkeit.
- Ich bin richte mich ganz auf mein Ziel und lasse mich nicht von Hindernissen abbringen.
- Ich nutze meine Zeit und meine Ressourcen effektiv, um mein Ziel zu erreichen.
- Ich bin bereit, alle notwendigen Schritte zu unternehmen, um mein Ziel zu erreichen.

Wünsche haben Auswirkungen

Die Erfüllung eines jeden deiner Wünsche wird andere Bereiche deines Lebens beeinflussen. Wenn du dir eine Führungsposition erträumst, wirst du weniger Zeit für dich haben, für deine Bedürfnisse und oft auch für dein familiäres Umfeld. Du träumst davon, ein Haus zu kaufen? Dann wirst du dich in Zukunft vermutlich finanziell einschränken müssen. Du möchtest endlich in die Stadt deiner Träume ziehen? Das heißt dann auch, den jetzigen Freundeskreis zu verlieren und einen neuen aufzubauen.

Schau dir das in aller Ruhe an und prüfe, was sich für dich richtig anfühlt und was nicht. Manches Mal ist ein Kompromiss ein akzeptabler Weg. Und manches Mal ist jetzt nicht der richtige Zeitpunkt. Aber vielleicht später.

Werde dir des Preises bewusst

Niemand wird dir sagen, dass es immer leicht ist, das in dein Leben zu holen, wonach du dich sehnst. Künstler werden immer um ihren Erfolg beneidet, doch niemand macht sich bewusst, wie groß die Anstrengungen waren, wie häufig die Rückschläge, bis sie endlich Anerkennung erreichten. Auch haben Selbständige, die heute gute Umsätze machen, klein angefangen, langsam etwas ausgebaut und Rückschläge erlebt, bevor sie diese stabile Basis erreicht haben. Frage dich also, wie sehr du möchtest, was du aufgeschrieben hast, und was zu tun du dafür bereit bist oder was du dafür aufgeben würdest.

Es liegt an den anderen?

Fühlst du dich manches Mal von anderen schlecht behandelt oder gar ausgegrenzt? Sie kritisieren dich, unterbrechen dich ständig, dein Chef beachtet dich nicht, dein Nachbar ist unfreundlich? Das belastet dich und du glaubst vermutlich, dagegen nichts unternehmen zu können. Doch das stimmt nicht. Du bist nicht ausgeliefert. Es liegt in deiner Hand. Denn je nachdem, welche Reaktion du zeigst, wird das bei deinem Gegenüber ebenfalls eine Veränderung auslösen. Vielleicht nicht sofort, doch mit der Zeit schon. Es liegt an dir. Finde also heraus, was du selbst tun kannst, um Kritik zurückzuweisen, mehr gehört zu werden, mehr Beachtung zu bekommen oder auf die Unfreundlichkeit zu reagieren.

Wenn gar nichts geht

Manches Mal erscheint es schwierig bis unmöglich, selbstbestimmt zu leben, denn es gibt Hindernisse wie finanzielle Einschränkungen, soziale Normen oder gesellschaftliche Erwartungen. Trotzdem ist es wichtig, soweit es geht, gangbare Wege zu finden, ein Leben zu führen, das deinen Werten und Wünschen entspricht. Hol dir dafür Hilfe, suche dir Vorbilder und Verbündete, zusammen mit anderen bist du ihr stärker. Aber gib nie sofort auf. Oft kannst du etwas beeinflussen, an das du nicht geglaubt hast. Wer würde dir einfallen?

Und jetzt

Wenn du schon einige Übungen aus diesem Buch ausprobiert hast:

- Wo stehst du heute?
- Gemessen am Bild des Ballons: Bist du innerlich gewachsen?
- Hast du deine neuen Schritte, deine Erfolge notiert?

Falls nicht, möchte ich dich an das Notizbuch erinnern, in das du deine Erfahrungen notieren kannst, um mehr und mehr zu erkennen, dass du auf dem richtigen Weg bist.

Man bleibt jung, solange man noch lernen,
neue Gewohnheiten annehmen
und Widerspruch ertragen kann.

Marie von Ebner-Eschenbach

Gute und schlechte Gewohnheiten

Wir alle haben Gewohnheiten. Gewohnheiten sind automatische Programme, die sich durch Lernen gefestigt haben. Sie strukturieren deinen Alltag, geben Halt und Sicherheit. So lebst du entspannter und musst nicht jeden Tag darüber nachdenken, was in bestimmten Situationen zu tun ist. Du putzt dir morgens und abends die Zähne, ziehst dir die Schuhe, bevor du rausgehst und weißt, dass man in Deutschland mit dem Auto auf der rechten Straßenseite fährt. Da Gewohnheiten unser Leben leichter machen, sind wir stets auf der Suche nach weiteren Routinen. Fast die Hälfte unseres Alltags wird durch sie bestimmt, sie entlasten das Gehirn, was uns erst in die Lage versetzt, andere, herausfordernde Aufgabe zu meistern.

Der Hintergrund

Doch wie kommt es zu einer Gewohnheit? Es gibt einen auslösenden Reiz. Wir entscheiden uns bewusst für eine Handlung und wenn wir das Ergebnis positiv erleben, werden wir uns automatisch mehr und mehr unbewusst so verhalten. Man nennt das die Gewohnheitsschleife. Es gibt allerdings einen wesentlichen Unterschied: Gewohnheiten können uns helfen, Ziele zu erreichen, unsere Zeit gut einzusetzen, ein erfülltes Leben zu führen, oder aber sie bringen uns nur ein kurzes Wohlgefühl, lenken uns ab. Doch sie können uns auch von einem positiven Lebensstil abhalten, werden im schlimmsten Fall zur Sucht und beeinträchtigen auch unsere Gesundheit.

Angenommen, du bist im Homeoffice, es war ein anstrengender Tag und nun ist endlich Feierabend. Du fährst den Rechner runter, ziehst dir die Schuhe an, gehst an die frische Luft, um dich zu entspannen. Je öfter du auf diese Weise diesem Reiz begegnest, desto mehr verankert sich die Reaktion in deinem Inneren. Sie wird zur Routine. Mit Hilfe von guten Gewohnheiten können wir schneller entscheiden, was besonders in Problem - oder Gefahrensituationen wichtig, manches Mal sogar lebensrettend sein kann.

Doch auch schlechte Gewohnheiten begleiten uns oft unbemerkt im Alltag. Sie wirken sich meistens negativ aus, denn sie kosten Zeit, Energie und viele schaden der Gesundheit. Da ist z.b. die Angewohnheit, am Feierabend zur Entspannung regelmäßig Alkohol zu trinken oder Süßigkeiten zu naschen. Oder stundenlang am Handy zu scrollen und es nie, auch nicht nachts, auszuschalten. Stetes Shoppen gehört ebenfalls zu den schlechten Angewohnheiten, wir wollen uns damit belohnen oder Trost und Zuspruch schenken. Die Prokrastination, das Aufschieben, zählt ebenfalls dazu. Statt uns anstehenden Aufgaben zu widmen, tun wir lieber etwas anderes und müssen sie dafür später unter großem Zeitdruck erledigen.

Was du tun kannst

Es gibt also Gewohnheiten, die dein Leben leichter machen, und solche, die dich blockieren. Bevor du in der Lage bist zu entscheiden, was dein Leben in Zukunft positiv beeinflussen und unterstützen soll, gilt es herauszufinden, welche Gewohnheiten dein Leben heute prägen. Welche willst du eliminieren und welche willst du dir neu aneignen? Denn unser Gehirn entscheidet nicht, welche davon gut oder schlecht sind, das liegt allein in deiner Hand.

Entdecke deine Gewohnheiten

Hol dir dein Notizbuch und halte fest, welche Handlungen du regelmäßig ausführst, ohne darüber nachzudenken. Wie fühlst du dich dabei? Was lösen diese Gewohnheiten bei dir aus? Und frag dich, warum du bestimmte Dinge tust. Erfüllen sie deine Bedürfnisse? Kosten sie dich Zeit? Rauben sie dir Energie oder bringen sie dich in Schwung? Zur Ergänzung macht es Sinn, im Familien- oder Freundeskreis zu fragen, welche Gewohnheiten sie bei dir wahrnehmen. Oft haben diese einen anderen Blick.

Gewohnheit ändern oder ablegen?

Wenn dir eine Gewohnheit gut tut, wirst du sie nicht ablegen wollen. Doch sobald du aber genauer hinschaust, welche Folgen sie hat und ob dieses Wohlgefühl nur von kurzer Dauer ist, wird dir klar, dass es Zeit ist, etwas zu ändern. Markiere deshalb jetzt in deiner Liste mit einem dicken Farbstift die Gewohnheiten, die das betrifft.

Mit welcher alternativen Handlung könntest du stattdessen ein gutes Gefühl erzeugen? Das ständige Chatten im Handy vermittelt dir den Eindruck, mit anderen vernetzt zu sein. Gelänge das nicht besser mit einer Einladung, einem persönlichen Treffen, einer gemeinsamen Unternehmung oder zumindest mit einem Telefonat? Denn so bist du direkt in Verbindung, hast sofortige Resonanz und musst nicht auf Antworten warten.

Auf welche Weise könntest du dich nach einer arbeitsreichen Woche belohnen? Nur mit Abhängen in der Disko oder indem du Serien auf Netflix schaust? Ein Ausflug, ein neues Hobby oder ein Bummel durch Stadtbezirke, die du wenig kennst, bringen dir Inspiration und neue Perspektiven.

Wenn du eine alte Gewohnheit ändern möchtest ist, ist ganz wichtig, dass du selbst entscheidest und es nicht deshalb angehst, weil Menschen in deinem Umfeld es von dir erwarten, vorschlagen oder dir auch vorleben. Nur wenn eine alternative Belohnung in deinem Inneren ankommt, wirst du bereit sein, sie zu wiederholen.

Meine Gewohnheit!

Und deine?

Deine Zukunft

Ein guter Ausgangspunkt, um Gewohnheiten zu ändern oder sich neu anzeigen, ist die Frage, was du aus deinem Leben machen willst. Was möchtest du erreichen? Was sind für dich attraktive Ziele? Diese Gedanken allerdings reichen noch nicht, erst die bildliche Vorstellung, wie es sein wird, wenn du dein Ziel erreicht hast, wird dich zur Umsetzung motivieren.

Du möchtest dich gesünder ernähren? Wenn du dieses Ziel erreicht hast, bist du frischer, hast eine bessere Haut, fühlst dich wohler in deinem Körper, bekommst Komplimente für dein Aussehen. Dass ist das eigentliche Ziel. Du möchtest endlich dein Buch schreiben? Wenn du es geschafft hast, hältst du es in Händen. Du streichst über den Umschlag, blätterst es durch, bist stolz auf das Ergebnis und du hörst positive Kommentare von deinen Leserinnen und Lesern. Dafür möchtest du dich anstrengen.

Also: Welche Gewohnheiten brauchst du, um dein Ziel zu erreichen?

Verbinde das Neue mit etwas, was du schon tust

Etwas Neues ins Leben zu integrieren, ist nicht immer einfach. Es gerät schnell in Vergessenheit oder du denkst, dafür im Augenblick keine Zeit zu haben. Dann kombiniere das Neue mit einer vorhandenen Gewohnheit.

Du könntest

- statt das Buch nur auf dem Nachttisch liegen zu haben ein Hörbuch im Auto hören
- dein Gleichgewicht beim Zähneputzen trainieren
- deine Morgenseiten beim Kaffeetrinken schreiben
- auf der Heimfahrt anhalten und einen Spaziergang machen
- Dein Umfeld neu gestalten.

Deine Umgebung hat großen Einfluss darauf, wie dein Tag abläuft. Dein Handy liegt am Bett? Dann ist die Wahrscheinlichkeit groß, dass du nach dem Aufwachen als erstes danach greifst. Lege es an einem anderen Platz ab und vor allem – schalte es ab. Du möchtest deinem Hobby regelmäßig nachgehen?

Dann richte dir eine kleine Ecke in der Wohnung ein, um jederzeit starten zu können. Wenn du den Platz nicht findest, dann packe alle Utensilien, die du brauchst, in eine Kiste, damit du sie sofort griffbereit hast. Die Schokolade liegt griffbereit in deiner Schreibtischschublade? Wie wäre es stattdessen mit ein paar Nüssen oder mit kleingeschnittenem Paprika oder Möhren in deiner Vesperdose?

Streich es im Kalender an

Besorge dir einen Monatskalender oder druck dir einen aus und mach an den Tagen ein Kreuz, an denen du einen Schritt in Richtung auf dein Ziel gegangen bist. Am besten ist es, wenn du eine komplette Zeitschiene schaffst, d.h. wenn jeder Wochentag ein Kreuz bekommen hat. Dieser Anblick ist die beste Belohnung und motiviert dich stets aufs Neue. Man nennt das auch den Habit Tracker.

Denk daran: Sobald du eine Pause machst, fängst du wieder bei Null an. Handlungen machst du erst dann zu einer Gewohnheit, wenn du sie mindestens 21 Tage wiederholt hast.

Mo	Di	Mi	Do	Fr	Sa	So
X	X	X	X	X	X	X
X	X	X	X	X	X	X

Fang einfach an

Du möchtest endlich wieder auf deinem Instrument spielen? Dann beginne wenigstens mit zwei Minuten. Dazu kannst du dich auch überwinden, wenn du eigentlich gerade keine Lust hast. Du weißt, nach zwei Minuten darfst du aufhören. Das Tolle aber ist, dass die Motivation in der Regel im Tun kommt und du dann doch länger am Ball bleibst.

Erwarte nicht zu schnelle Erfolge
Veränderung braucht Zeit

Gib nicht vorschnell auf, sondern mach dir bewusst, dass es auf das Dranbleiben ankommt. Du kennst das vielleicht von den Vorsätzen zum Jahreswechsel. Mit großem Schwung hast du begonnen, um dann abrupt wieder aufzuhören. Es macht keinen Sinn, die sportliche Fitness von heute auf morgen mit einem Mammutprogramm erreichen zu wollen. Deine Beziehung wird sich auch nicht auf Dauer verbessern, wenn du nur zu einem Wellness-Wochenende einlädst. Du wirst nicht dauerhaft abnehmen, bloß weil du ein paar Tage lang weniger isst.

Sehr viel effektiver ist die 1 Prozent-Regel. Diese Regel wird in dem Buch „Atomic Habits" von James Clear vorgestellt. Sie besagt, dass kleine Veränderungen oder Verbesserungen, die konsequent angewendet werden, langfristig große Auswirkungen haben können.

Wenn du jeden Tag nur 1% mehr Umsatz erzielst, wird sich dies im Laufe eines Jahres auf eine Steigerung von fast 38% addieren. Wenn du jeden Tag 1% mehr Zeit für das Lernen einer neuen Fähigkeit oder Disziplin aufwendest, wirst du am Ende des Jahres ein Experte auf diesem Gebiet sein. Wenn du jeden Tag nur 1 Prozent mehr Zeit zum Lesen aufwendest, wirst du am Jahresende 20 Bücher gelesen haben.

Die 1-Prozent-Regel ist also ein einfaches Konzept, doch es erfordert Disziplin und Ausdauer, um es erfolgreich umzusetzen. Es kann dir helfen, dich auf die kleinen Dinge zu konzentrieren, die für dich wirklich wichtig sind, und deine Ziele schrittweise zu erreichen.

Und jetzt:

Was hast du ausprobiert?
Welche Gewohnheit hast du abgelegt?
Welche neu in deinem Leben etabliert?
Was hast du in diesem Kapitel gelernt?
Woran willst du weiterarbeiten?

Wenn Kritik dich trifft

Niemand wird gerne kritisiert. Doch wir können daraus lernen und uns verbessern. Allerdings steckt nicht immer diese positive Absicht dahinter, wenn andere uns auf einen Fehler hinweisen. Denen geht es dann eher darum, uns anzugreifen, uns zu verunsichern oder für etwas verantwortlich zu machen, wofür wir gar nichts können. Es ist gut, wenn wir in der Lage sind zu unterscheiden, um welche Art von Kritik es geht, und auch, wie wir im einzelnen Fall darauf reagieren können.

Der Hintergrund

Wenn eine Person kritisiert, beurteilt sie eine Sache, eine Leistung oder Menschen. Dabei kann es sich um objektive Kriterien handeln oder um ihre subjektive Betrachtung. Objektiv wäre z.b. der Hinweis auf eine falsche Berechnung, subjektiv wäre z.b. die Würdigung eines künstlerischen Werks oder eines persönlichen Auftritts.

Wir verstehen Kritik oft als Hinweis auf Fehler, die wir gemacht haben, oder als negative Einschätzung unserer Person. Doch Kritik kann auch wohlwollend gemeint sein und soll ein Hinweis auf mögliche Verbesserungen sein. Deshalb ist es wichtig unterscheiden zu lernen, um welche Form der Kritik es sich handelt.

Berechtigte Kritik

Stimmt, du hast einen Fehler gemacht. Du weißt das und andere sehen das auch. Da macht es wenig Sinn, zu leugnen oder nur so viel zuzugeben, wie dein Umfeld sowieso schon herausgefunden hat. Mach das nicht, auch wenn wir ein solches Verhalten Tag für Tag erleben und in den Medien lesen. Denn aus dem Abstreiten und Verstecken können weitaus größere Probleme erwachsen als wenn du zu deinem Fehler stehst.

Unberechtigte Kritik

Es kommt vor, dass du eines Fehlers bezichtigt wirst, den du nicht begangen hast. Dein Ziel darf es nicht sein, jemandem anderen die Kritik in die Schuhe zu schieben, sondern nur, den Vorwurf nicht auf dir sitzen zu lassen.

Verletzende Kritik

Manches Mal werden wir kritisiert, ohne den Pfeil sofort zu spüren. Wir werden stumm, weil die Worte uns hart getroffen haben, und können im Augenblick überhaupt nicht oder nicht angemessen reagieren. Meist tragen wir eine solche Kritik noch lange mit uns herum und fragen uns, was zum Teufel der andere uns damit eigentlich sagen wollte. Wir fühlen uns schlecht und grübeln in der Nacht.

Unsachliche Kritik, verbale Angriffe

Kritik ist destruktiv und unsachlich und wird verletzend vorgetragen. Unsere gesamte Person wird infrage gestellt, unsere Interessen, Bedürfnisse, Gedanken und Gefühle werden abgewertet, umgedeutet und negiert.

Was du tun kannst

Wie wir mit Kritik klarkommen, hängt wesentlich von unserer Einstellung zu Kritik im Allgemeinen ab. Die meisten von uns sehen in einer Kritik einen Angriff, gegen den wir uns verteidigen müssen oder der uns klein fühlen lässt. Mach dir bewusst, dass es hier um **einen** Fehler geht und dass nicht deine gesamte Person unter Kritik steht. Ein gutes Polster für Zeiten, in denen der Gegenwind der Kritik heftig bläst, ist, wenn du regelmäßig Stärken- oder Erfolgslisten führst oder positives Feedback, das du erhalten hast, aufschreibst. Solche Zitate stärken dir den Rücken und relativieren eine auch noch so berechtigte Kritik. Sieh jede Kritik als Chance, etwas Neues zu lernen. Das erfordert Übung.

Eine grundsätzliche Frage

Wer kritisiert wird, neigt dazu, sofort zu antworten und in die Verteidigungshaltung zu gehen. Sehr viel besser wäre es, du würdest zuerst einmal nachhaken. Schau deshalb dem Kritiker, der Kritikerin fest in die Augen und sage: „Das ist interessant, was Sie da sagen, können

Sie mir das bitte genauer erläutern?" Vielleicht gewinnst du mit dieser Kritik neue Einsichten gewinnen, die dein Bild erweitern. Es kann aber auch sein, dass diese Person dir keine Antwort auf deine Frage geben kann, weil sie keine hat, sondern nur in Meckerstimmung war. Dann wird sie dich in Zukunft nicht mehr ins Kritikfeuer nehmen.

Berechtigte Kritik
Bestätige die Rückmeldung

Gib zu, wenn etwas schief gelaufen ist, trage die Verantwortung dafür und entschuldige dich. Vielleicht willst du auch erklären, wie es zu diesem Fehler gekommen ist und wie du ihn in Zukunft vermeiden kannst. Oder bitte um Unterstützung, wenn das Problem entstanden ist, weil dir notwendige Informationen nicht oder nicht rechtzeitig zur Verfügung standen.

Frage interessiert nach

Da Kritik oft pauschal geäußert wird, glaubst du vielleicht, etwas verbessern zu müssen, was dein Gegenüber gar nicht gemeint hat. Deshalb lernst du mehr, wenn du nachfragst: „Was genau hat Ihnen nicht gefallen?"

Unberechtigte Kritik
Wehre dich gegen den Angriff

Bleibe ruhig und sachlich und weise die Kritik mit klaren Worten zurück: „Nein, das habe ich nicht veranlasst." oder „Nein, das stimmt nicht, eine solche Behauptung habe ich nie aufgestellt." Sprich in ruhigem Ton und verwende auf jeden Fall das Wort Nein. Möglicherweise musst du solche Sätze wiederholen, wenn dein Gegenüber auf seinem Vorwurf beharrt.

Keine Schuldzuweisung

Auch wenn du es weißt oder ahnst, wer den Fehler gemacht haben könnte, benenne diese Person nicht. Bleib bei dir und verwehre dich nur aus deiner Perspektive gegen die vorgetragenen unberechtigten Äußerungen.

Ton und Art zurückweisen

Meist ist ja nicht nur der Inhalt der Kritik nicht gerechtfertigt, sondern auch der Ton, in dem diese vorgetragen wird. Er ist laut und verletzend. Geh auf keinen Fall darauf ein, denn sonst würdest du eine Spirale anschieben. Sag stattdessen: „Wir können in Ruhe miteinander reden, aber ich möchte nicht, dass Sie in diesem Ton mit mir sprechen." Wenn die kritisierende Person in ihrem Modus bleibt, dann verlass als klares Zeichen den Raum.

Finde die Ursachen

Hilfreich für die Zukunft ist zu klären, wie dein Gesprächspartner dazu kommt, dich als Fehlerverursacher zu sehen. Denn hier liegt der Ansatz für eine konstruktive Klärung. Sollte dich jemand zum Sündenbock auserkoren haben, wird er sich in Zukunft eher zurückhalten, wenn er weiß, dass du nachfragst. Will er sich nicht äußern, hilft der Satz: „Wenn Sie mir sagen können, wie Sie zu dieser Kritik kommen, bin ich bereit, zuzuhören. Andernfalls werde ich mich nicht mehr damit auseinandersetzen."

Verletzende Kritik

Grundsätzlich ist es gut, im Falle einer verletzenden Kritik zu warten, bis du in der Lage bist, in Ruhe und ohne zu sehr aufgewühlt zu sein darüber zu sprechen. Denn wer spontan reagiert, wird oft im Gegenzug verletzend und ist nicht bereit und in der Lage, den wahren Kern einer Botschaft zu erkennen.

Wechsele die Gesprächsebene

Bleib sachlich, schlage nicht zurück und beginne nicht zu argumentieren. Denn sobald du auf die Kränkungen und Verletzungen eingehst, endet es in einem Schlagabtausch. Wenn dir dein Gegenüber wichtig ist, dann sprich an, dass du seine Wut, seine Enttäuschung bemerkst, führe ihn dann wieder auf die sachlichen Punkte seiner Aussage.

Ziehe Grenzen

Handelt es sich tatsächlich um eine Kritik oder empfindest du es als Einmischung? Du hast das Recht, das Eindringen in deine Privatsphäre zu schützen und solche Grenzverletzung zurückzuweisen.

Niemand darf dir deine Werte vorschreiben, wie du leben hast. Deine Antwort könnte sei: „Wie ich entscheide ist ganz allein meine Sache und kein Thema für eine öffentliche Diskussion. Dabei will ich es bewenden lassen."

Wende die Nebeltaktik an

Oft steckt in einem solchen Vorwurf ein wahrer Kern, nur wird er mit negativen Zuschreibungen, Interpretationen oder Unterstellungen verbunden. Und genau die sind verletzend. Hier hilft dir die Methode des Nebelns: Du bestätigst den Teil der Kritik, den du als zutreffend empfindest und lässt die damit verbundenen persönlich verletzenden Teil unkommentiert. So nimmst du deinem Kritiker den Wind aus den Segeln, denn er merkt, dass seine Spitzen nicht treffen.

Beispiele:

Der Vorwurf: „Diese Präsentation lässt zu wünschen übrig, Sie haben keine Ahnung von diesem Programm."

Deine mögliche Antwort: „Stimmt, die Präsentation könnte besser sein." Oder „Stimmt, ich hätte mehr Zeit dafür gebraucht."

Der Vorwurf: „Diese Farbkombination steht dir überhaupt nicht, du hast einfach keinen guten Geschmack."

Deine mögliche Antwort: „Mag sein, dass mir andere Farben besser stehen." Oder „Wir scheinen einen unterschiedlichen Geschmack zu haben."

Sprich es nochmals an

Lass eine verletzende Kritik nicht unkommentiert im Raum stehe-Wenn du dich nicht in der Lage fühlst, gleich zu antworten, dann sprich das Thema am nächsten Tag oder auch später noch einmal an. Versuche herauszufinden, um was es deinem Gegenüber tatsächlich geht. „Was genau willst du von mir?"

Unsachliche Kritik und verbale Angriffe

Wende den Vorwurf zum Positiven

Mit seinen Vorwürfen will dich der Kritiker angreifen und verletzen. Beziehen sich seine Angriffe auf dein Verhalten, deine Eigenschaften, hast du die Möglichkeit, ihnen mit einer positiven Umkehrung zu begegnen. Gib deshalb seinem Vorwurf eine vorteilhafte Bedeutung. Wende dich deinem Kritiker zu und füge deiner Antwort auch seinen Namen zu, damit der sich wirklich angesprochen fühlt.

Der Angriff: „Sie sind ganz schön fordernd."

Deine Antwort: „Herr Müller, stimmt, ich weiß, was mir zusteht."

Die negative Befragung

Eine gute Reaktion auf Angriffe ist die Nachfrage, denn damit bringst du den Kritiker in der Regel schnell aus dem Konzept. „Interessant, was Sie sagen. Was genau ist falsch daran?" Höchstwahrscheinlich wird er keine Antwort finden und deshalb seine Angriffe in Zukunft nicht mehr gegen dich richten.

Lass es abprallen

Am wirksamsten begegnest du Angriffen, indem du dem Gegenüber in die Augen schaust, ihn anlächelst und schweigst. Oder aber mit kurzem Zweisilber reagierst: „So, so." oder „Ach ja." und dich dann abwendest. Gerade weil diese Reaktion so ungewöhnlich ist, deshalb funktioniert sie auch: Der Kritiker möchte dir schaden und erreichen, dass du dich schlecht fühlst. Und nun zeigst du das genaue Gegenteil. Du entziehst ihm den Boden.

Manchmal igle ich mich ein.

Und jetzt:

Was hast du ausprobiert?

Wo ist es dir schon gelungen, dich gegen Kritik zu wehren?

Was war noch schwierig?

Von welchen Personen konntest du eine konstruktive Kritik annehmen?

Dein innerer Kritiker

Trägst du einen sehr geschwätzigen inneren Kritiker in dir? Einen, der dir jedes Mal, wenn du eine neue Aufgabe bekommst, zuflüstert, „Lass es lieber, das schaffst du nie". Oder hörst du ständig diese Stimme, die dich davor warnt, etwas Neues anzufangen, weil es andere sowieso besser können als du? Weil du eine graue Maus bist, die von niemandem respektiert wird und die ständig scheitert? Wenn du dich daran erinnerst, was andere über dich sagen, und das mit deinen eigenen Gedanken vergleichst, wirst du feststellen, dass niemand dich so scharf verurteilt wie du selbst. Höchste Zeit also, diese innere Stimme in ihre Schranken zu weisen, und sie manches Mal auch ganz zum Schweigen zu bringen.

Der Hintergrund

Die Gründe, warum wir so selbstkritisch sind, sind vielfältig. Es können sowohl gesellschaftliche und psychologische wie auch persönliche Faktoren sein. Wir wollen uns an Regeln anpassen, wir vergleichen uns mit anderen, sind geprägt von Kommentaren und Bewertungen in unserer Kindheit, von den Eltern, den Lehrern oder auch von Gleichaltrigen, oder haben selbst zu hohe Erwartungen an selbst. Der innere Kritiker ist in der Regel uns gegenüber sehr hart und unnachgiebig. Wenn wir uns daraus nicht befreien, kommen wir in eine Abwärtsspirale von abwertenden Gedanken und negativen Gefühlen, die das Selbstwertgefühl immer noch kleiner werden lassen.

Doch Selbstkritik an sich ist nicht immer schlecht. Sie kann uns aufzeigen, wie wir uns weiterentwickeln können. Durch sie erkennen wir unsere Schwächen und sind in der Lage, Feedback anzunehmen und Verantwortung für Konflikte zu übernehmen und Missverständnisse zu klären.

Diese beiden Versionen des inneren Kritikers haben verschiedene Namen: die destruktive Seite und die konstruktive Seite. Die destruktive Seite macht uns zum Opfer, die konstruktive Seite zeigt uns auf, was wir aus Fehlern lernen können.

Was du tun kannst
Erkenne Deine Denkmuster

Vielleicht ist dir gar nicht bewusst, wie du dich selbst abwertest. Dann wirst du auch nicht den Weg aus dieser Denkschleife finden können und bleibst gefangen in diesem Muster. Höre dir doch mal eine Woche zu und notiere, was der innere Kritiker dir einflüstert. „Die Kollegin ist viel schicker angezogen als ich." „Der Typ hat mehr Geld und kann sich so ein tolles Auto leisten." Die Küche meiner Nachbarin ist immer super aufgeräumt." „Eine solche Stelle werde ich nie bekommen."

Bevor du dich daran machst, das zu haben und zu können, was dir bei anderen auffällt, stell dir zuerst die Frage, ob das überhaupt deine Ziele und Wünsche sind. Wenn nicht, dann lass die anderen sein wie sie sind und konzentriere dich auf das, was dir wichtig ist.

Destruktive Kritik

Damit harsche Kritik dein Selbstwertgefühl nicht untergräbt, geh einen Schritt zurück. Reagiere nicht gleich auf das, was dir an den Kopf geworfen wurde. Nimm dir Zeit, das Gehörte rational zu betrachten. Könnte es sein, dass es nur um eine schlecht formulierte Rückmeldung geht, die im Kern etwas Konstruktives enthält? Vielleicht aber hat die Person, die dir gegenüber diese Kritik geäußert hat, gar keine Ahnung von dem hat, was sie bewertet oder projiziert ihre eigenen Unsicherheiten auf dich? Im ersten Fall lohnt sich es nachzufragen, im zweiten Fall lässt du die Kritik einfach stehen und sorgst dafür, dass sie sich nicht in dich eingräbt.

Konstruktive Selbstkritik

Bei der konstruktiven Selbstkritik geht es darum, dich auf die positive, die lösungsorientierte Richtung zu konzentrieren. Erkenne einerseits, was in deinen Augen nicht funktioniert hat, und frage dich gleichzeitig, wie du mit dieser Situation besser umgehen kannst. „Ich habe heute wieder mal nur Fastfood zu mir genommen, dabei wollte ich mich doch gesünder ernähren. Ich wollte mehr Gemüse besorgen." Als nächstes frage dich, warum du bisher nicht die richtigen Zutaten eingekauft hast. Du hattest keine Zeit, weil du oft freiwillig länger als vereinbart am Arbeitsplatz bleibst, oder aber du wählst du einen Heimweg, bei dem du nicht an einem guten Händler vorbeikommst. Und was kannst du tun? Du könntest zumindest an einigen Tagen rechtzeitig Feierabend machen, auf der Heimfahrt eine Station früher aussteigen, um einzukaufen oder aber du abonnierst die Greenbox und bist so gut versorgt.

Gib deinem inneren Kritiker einen Namen

In dem Augenblick, wenn du deinem inneren Kritiker einen Namen gibst, ist er nicht mehr in dir, sondern außerhalb. Das ist eine hilfreiche Methode, Distanz zu ihm zu schaffen und sie so besser zu kontrollieren. Vielleicht sitzt der Kritiker dann auf deinem Schreibtisch, in einer Ecke des Raums oder vielleicht auch auf deiner Schulter. Wähle einen Namen, der die Art und Weise widerspiegelt, wie der innere Kritiker dich anspricht. Und vielleicht sogar ein bisschen Humor in die Sache bringt, um die Macht dieser negativen Stimme abzuschwächen.

Hier ein paar Vorschläge:

Das Mecker-Monster - Für eine innere Stimme, die ständig an allem etwas auszusetzen hat.
Der Besserwisser-Berti - Für einen Kritiker, der glaubt, alles besser zu wissen.
Die Kontrolleur-Tante - Eine Figur, die versucht, alles zu überwachen und ständig zu bewerten.
Der Panik-Paul - Eine Stimme, die bei jeder Kleinigkeit überreagiert.
Die Motz-Martha - Eine Stimme, die immer etwas zu kritisieren findet
Der innere Perfektionist - Eine Stimme, die dich antreibt, perfekt zu sein, aber es übertreibt.

Wie soll dein innerer Kritiker heißen?

Setze dir realistische Ziele

Wenn du nach Perfektion strebst und mehr von dir verlangst als was im Augenblick möglich ist, fütterst du deinen inneren Kritiker. Wachstum und Dazulernen, das sind die normalen, die richtigen Wege. Nimm dir deshalb kleine Schritte vor, doch die setze dann auch um.

Angenommen, du träumst davon, dir ein tolles Kleid zu nähen. Sofort schießt dir durch den Kopf „Das klappt nie. Dazu bin ich zu ungeschickt!" Doch wie schaffst du es? Eigne dir zunächst die grundlegenden Nähschritte an, vielleicht auch mit Unterstützung einer Freundin, die gerne näht. So bist du in der Lage, den Bezug für ein Sofakissen anzufertigen. Dann nähst du ein Nachthemd und schließlich ein schlichtes Kleid ohne Abnäher. Je mehr Übung und Erfahrung du bekommst, umso kompliziertere Schnitte wirst du umsetzen können. Was wird dein nächstes Ziel sein?

Ändere deine Gedanken und Kritiksätze

Sich destruktiv zu kritisieren bedeutet, die eigene Leistung insgesamt abzuwerten und positive Aspekte außen vor zu lassen. Es kommt zur Verallgemeinerung: „Ich kann nichts richtig machen." „Das passiert mir jedes Mal." „Dazu bin ich einfach zu blöd." „Das kann ich nicht." Oft liegen diesen abwertenden Gedanken Annahmen oder Übertreibungen zugrunde, die nicht der Realität entsprechen. Du bist unbarmherzig mit dir. Wahrscheinlich würdest du diese Sätze Freunden gegenüber nicht so formulieren, wenn sie dich um ein Feedback bäten.

Das schaff ich nie!

Schau dir zum Beispiel den Satz an „Ich kann das nicht." Schon ein kleines Detail wird die Wirkung dieser Kritik abmildern: „Ich kann es **noch** nicht." Bestimmt gab es Teile, die in der konkreten Situation gut gelaufen sind. Prüfe das in Gedenken und notiere es. So wächst dein Mut, dich zu verbessern. Schreib dir deine selbstkritischen Sätze auf und überlege, welche andere Formulierung konkreter und hilfreicher ist. So kannst du den Satz „Ich kann nichts richtig machen." umwandeln in „Stimmt, da hab ich einen Fehler gemacht. Doch einiges war richtig."

Denk an Lösungen. Wenn du etwas dazulernen möchtest, brauchst du Ideen. Stelle dir also Fragen wie diese:

- Was genau habe ich falsch gemacht?
- Welchen Einfluss hatten die Rahmenbedingungen, das Umfeld?
- Was kann ich das nächste Mal anders oder besser machen?
- Welcher nächste Schritt ist realistisch?
- Welche Fähigkeiten oder Ressourcen brauche ich, um mich zu verbessern?
- Wer kann mich dabei unterstützen?

Überfordere dich nicht, nimm dir eine Fähigkeit nach der anderen vor und lerne dazu. Angenommen, du bewunderst die, die vor großem Publikum sprechen und denkst dabei „Das würde ich nie hinkriegen, davor habe ich Angst." Mit einer Übungsreihe aber kannst du deinen Mut steigern und Erfahrungen sammeln. Im ersten Schritt könntest du, statt in einem Meeting im Sitzen zu sprechen, dazu aufstehen. Wenn sich das mit der Zeit immer besser anfühlt, dann wähle den Platz vor der Gruppe, auch wenn das bedeutet, dass du alle Blicke auf dich ziehst. Allmählich flößen auch größere Gruppen keine Angst mehr ein und du bist du bereit, auf der Bühne zu stehen.

Eines noch: Sei dir bewusst, dass die Rahmenbedingungen eine Rolle dabei spielen, ob du etwas gutgemacht hast oder es dir nicht gelungen ist. Hattest du die richtigen Vorgaben, das Handwerkszeug, das du brauchtest? Warst du im Stress oder sogar gesundheitlich angeschlagen? Sobald du diese Faktoren mit berücksichtigst, verliert der innere Kritiker seine Kraft.

Was du nicht ändern kannst

Es gibt Dinge, die nicht in deiner Hand liegen. Du hast vielleicht einen Chef, der deine Aufgabe fast täglich umformuliert, so dass du zu keinem Ergebnis kommst. Dann liegt das nicht an dir. An einem

Elternabend ist dir eine Bemerkung herausgerutscht, die dir im Nachhinein sehr unangenehm ist. Das kannst du im Nachhinein nicht mehr ändern. Anstatt dich aber vor lauter Selbstkritik zu zerfleischen, versuche die Sache abzuschließen. Mach dir klar, wie das passiert ist und wie dir das in Zukunft nicht mehr passieren wird. Und überlege, ob du nicht ein Gespräch führen kannst, um Klarheit in die Angelegenheit zu bringen.

Hol dir Feedback ein

In der Regel sind wir mit uns selbst viel strenger als mit anderen und sehen häufiger Fehler, die diese gar nicht als solche bewerten. Frag Freunde, wie sie dich wahrnehmen, wie sie dein Können, dein Verhalten erleben. Freunde sehen deine Situation mit etwas Abstand und so bewerten sie das Erlebte oder Gehörte. Wenn Freunde uns kritisieren, geschieht das oft auf eine respektvolle und einfühlsame Weise, um die Beziehung nicht zu belasten. Freundschaftliche Kritik unterscheidet sich von anderer Kritik meist dadurch, dass sie in einem unterstützenden und konstruktiven Rahmen stattfindet. Freunde geben dir hilfreiche, lösungsorientierte Ratschläge, anstatt nur auf Probleme hinzuweisen, und konzentrieren sich darauf, wie du dich verbessern kannst. Was dir allerdings nicht hilft, ist, wenn sie dir „Honig ums Maul schmieren", du also übertriebene Komplimente zu hören bekommst. Wenn du das Gefühl von Schönfärberei hast, dann frage gezielt nach, um Klarheit zu bekommen. Sprich ruhig weitere Details an, ohne direkt konfrontativ zu wirken. Das hilft dir, die Realität besser einzuschätzen. „Das klingt wirklich gut. Kannst du mir mehr darüber erzählen?" oder „Wie war es wirklich für dich?"

Manchmal ist es das Beste, Schönfärberei einfach zu erkennen und nicht weiter darauf einzugehen. Du kannst sie registrieren, aber ihr nicht zu viel Bedeutung beimessen, besonders wenn sie keinen direkt Einfluss auf dich oder deine Entscheidungen hat.

Akzeptiere Deine Schwächen

Jeder Mensch hat Schwächen. Lerne anzunehmen, dass auch deine Schwächen zu dir gehören und dich als Person ausmachen. Diese Mischung aus Stärken und Schwächen, das bist du. Unverwechselbar, einmalig. In manchen Situationen können deine Schwächen sogar deine größte Stärke sein, du musst es nur zulassen. Wenn du das Kapitel „Vergleich dich – Vergleich dich nicht" schon durchgearbeitet hast, entsteht in dir das Bild, das dich ausmacht. Sei stolz darauf.

Lass Selbstlob zu

Ganz gleich, welche Ziele du dir gesetzt hast, du näherst dich dem Ergebnis nicht in einem Sprung, sondern in kleinen Schritten. Jeder kleine Erfolg ist ein Grund, sich selbst zu loben. Deine Fähigkeiten sind gewachsen, sie sind die Grundlage für weitere Entwicklung.

Wie du dich selbst loben kannst? Angenommen, du hast eine Aufgabe abgeschlossen, zwar nicht alles erledigt, doch einen Teil davon. Mach dir klar, was du schon geschafft hast.

„Heute habe ich die wichtigsten Fakten für mein Referat zusammengestellt." Natürlich ist das Referat noch nicht abgefasst, doch ohne Fakten würde es nicht weitergehen.

„Ich bin stolz darauf, dass meine Recherche so gut geklappt hat." Solche Gedanken werden eine motivierendere Wirkung auf dich haben als der Satz **„Ich bin immer noch nicht fertig."** Allerdings nur, wenn du einen guten Zeitplan hast.

Du und der Perfektionismus

Sich stets weiter verbessern zu wollen, ist ein gutes Ziel. Doch wenn du in deine Arbeitsergebnisse übermäßig viel Zeit investierst, dich ständig um die Verbesserung von Details kümmerst oder erst gar nicht erst anfängst, weil du fürchtest, eine Aufgabe nicht exzellent abzuliefern, wird es zum Problem. Du willst perfekt sein. Doch Perfektion gibt es nicht! Es ist menschlich, Fehler zu machen. Wir sind keine Roboter, in die konkrete Daten gespeichert wurden. Wir sind lernende Wesen, wir sind auf einem bestimmten Stand, wir können und wollen uns weiterentwickeln. Doch äußere Umstände, wie unsere Stimmung, die Arbeitsatmosphäre, Zeitdruck oder eine Unpässlichkeit können den Arbeitsablauf und damit auch das Ergebnis beeinflussen. Perfektionismus wird dich überfordern, deine Kreativität bremsen und sogar die Beziehung zu anderen Menschen beeinträchtigen.

Der Hintergrund

Perfektionismus entsteht aus verschiedenen Gründen. Die familiäre Prägung spielt eine Rolle, vor allem wenn die Eltern sehr leistungsorientiert sind und deshalb auch hohe Anforderungen an ihre Kinder stellen. Lob für Perfektion und Kritik für kleine Fehler tragen maßgeblich dazu bei. Daraus entwickelt sich bei den Kindern der hohe Anspruch an sich selbst. Denn sie lernen, dass sie nur dann wertvoll sind und geliebt werden, wenn sie diese Erwartungen erfüllen.

Auch der gesellschaftliche Druck spielt eine Rolle. Wir leben in einer Leistungsgesellschaft mit steten Optimierungsaufforderungen. Die sozialen Medien verbreiten diese Normen, wir werden mit Bildern konfrontiert, die nur das (vermeintliche gute) Ergebnis zeigen und nicht darüber informieren, welche Anstrengungen es gebraucht hat, das Ziel zu erreichen, und auch nicht darüber aufklären, was nicht funktioniert hat. Das verstärkt das Gefühl, immer perfekt zu sein zu müssen und keine Schwächen zu zeigen.

Perfektionismus hat einen hohen Preis. Er erzeugt Versagensängste, Stress und Druck. Lieber setzt du dir keine neuen Ziele, doch so ist kein persönliches Wachstum möglich. Für gestellte Aufgaben brauchst du unnötig Zeit und was das Schlimmste ist: Du wirst einsamer, denn andere fühlen sich dir unterlegen und scheuen so den Kontakt. Deshalb bekämpfe deinen Perfektionismus.

Was du tun kannst
Setze dir realistische Erwartungen

Kein Mensch erwartet von dir Wunder. Setze dich deshalb auch nicht selbst unter Druck. Denn das hätte zur Folge, dass du sehr viel mehr Zeit darauf verwendest, eine Aufgabe zu bearbeiten und abzuschließen. Vielleicht sogar schiebst du sie stattdessen hinaus oder beginnst erst gar nicht damit. Bei einer Power Point Präsentation könntest du natürlich noch Details verbessern, z.b. eine andere Schrift verwenden, besondere Symbole einfügen oder die Gliederung umstellen. Doch würde dadurch die Bedeutung des Inhalts verbessert? In der Regel nein. Oft reichen bereits 80 Prozent Einsatz völlig aus, um ein Ziel zu erreichen. Mach dir bewusst, dass du dazulernst, mit jedem Schritt, auch mit jedem Fehler. Und vor allem: Du hast dadurch auch mehr Zeit für anderes. (Oder sogar für dich)

Lerne aus deinen Fehlern

Fehler sind eine Chance, weiterzukommen. Aus Fehlern lernen wir oft mehr als aus Erfolgen. Denn sie sind kein Feind, sondern oft eine Chance. Christoph Kolumbus zum Beispiel hätte Amerika nie entdeckt, wäre er nicht den „falschen" Kurs gefahren. Ein Benediktinermönch „erfand" den Champagner, weil es ihm nicht gelang, die Bläschen aus dem Wein zu entfernen, ein junger Mitarbeiter bei IBM wurde von seinem Chef belohnt, weil er „aus Versehen" einen anderen, einen besseren, Lösungsweg gefunden hat. Also, trau dich. Wer weiß, was du aus deinen Fehlen lernst. Wenn sich auch nicht eine neue Idee herauskristallisiert, so verstehst du dann doch, wie es nicht geht, und kannst noch einmal beginnen. Deshalb erlaube dir Fehler und betrachte sie als Informationsquelle.

Lerne mit Kritik umzugehen

Wenn du glaubst, Perfektion würde dich vor Kritik schützen, dann muss ich dir sagen, das stimmt nicht. Es allen recht machen zu wollen, wirkt wie Nervengift: Erst vernebelt es dich und dann lähmt es dich komplett. Wenn du es versuchst, wirst du dich zwangsläufig verzetteln, du verlierst dein Ziel aus den Augen und opferst obendrein dein Rückgrat. Wer sich jedem Widerstand beugt, besitzt weder Standfestigkeit noch Durchsetzungskraft. So jemand wird andere nie anleiten: Er wird bereits geführt – von allen!

Verändere deinen inneren Dialog

Wie sprichst du eigentlich mit dir? Wenn du feststellst, dass du, ob in Gedanken oder laut, mit dir heftig über einen Fehler schimpfst, wird das Auswirkungen haben. Halte einmal inne, wenn du merkst, dass du kritisch mit dir selbst bist. Stoppe mitten im Gedanken oder im Satz und sage stattdessen: **„Ich gebe in jeder Situation mein Bestes und das ist genug."**

Ich pfeif' wie es mir gefällt!

Vergleich dich nicht mit anderen

Jeder und jede kann etwas – die einen machen dies besser, die anderen das. Talente sind ungleich verteilt. Deine Aufgabe ist aber nicht zu wetteifern, sondern das Beste aus deinen eigenen Begabungen zu machen. Wann immer du merkst, dass du dich wieder mit anderen vergleichst, dann stoppe diese Gedanken und fokussiere dich ganz auf dich. Atme dreimal ruhig und tief durch und sage dir: **„Ich erledige diese Aufgabe so gut wie ich kann."**

Rede mit anderen über Fehler

Sich mit guten Freunden darüber auszutauschen, was alles im Leben oder bei der Arbeit nicht geklappt hat, kann ein lustiger, entspannender und besonders verbindender Abend sein. Und manches Mal wirst du sogar Impulse bekommen, wie du eine Herausforderung in Zukunft meistern kannst. Von Menschen, die Fehler gemacht und Krisen durchlebt haben, lernen wir häufig am meisten.

Mach einen Perspektivwechsel

Du fragst dich doch immer, wie andere deine Ergebnisse bewerten. Doch wie betrachtest du denn die Fehler von denen? Wie reagierst du darauf? Bist du da nicht großzügiger? Kannst du verstehen, dass das Ergebnis nicht ganz den Erwartungen entspricht? Und kann es nicht sein, dass die anderen genauso über dich und deine Arbeit denken?

Mach bewusst Fehler

Hilfreich ist es, wenn du hin und wieder bewusst kleine Fehler machst. Lass einen Namen in deinem Vortrag aus, verwechsle Daten oder überspringe eine Passage. Erstaunlicherweise wirst du feststellen, dass andere deine Fehler gar nicht entdecken. Und für den Fall, dass du doch darauf angesprochen wirst, lege dir Sätze zurecht: „Oh, gut, dass Sie das sagen, da bin ich in einer Zeile verrutscht" Oder gar ganz kess: „Das hab ich absichtlich gemacht. Ich wollte wissen, ob Sie mir wirklich zuhören." In der Regel ist es gar nicht schlimm, wenn dir Fehler unterlaufen, zumindest keine kleinen.

Fang einfach an

Perfektionisten fällt es schwer, sich zu entscheiden, sie könnten ja falsch liegen. Doch statt übermäßig zu planen und zu organisieren, also übertriebene lange Listen anzufertigen und über mögliche Hindernisse zu brüten, ist es besser loszulegen. Schritt für Schritt. Denn so ist es immer noch möglich, Änderungen einzufügen. Denn egal was du tust, verbessern kannst nur, was schon gemacht ist.

Beende deine Arbeit

Perfektionisten überprüfen gerne alles doppelt und dreifach. Wenn du darüber nachdenkst, ob du einen Fehler gemacht hast, dich fragst, wie andere wohl dein Ergebnis bewerten und ob du auch wirklich alle Erwartungen berücksichtigt hast, bleibst du in einer ewigen Spirale. Höre auf, immer wieder darüber nachzudenken, und mach einen Schlusspunkt.

Und jetzt:

Was hast du ausprobiert?
Bei welcher Aufgabe hast du dich zu einem früheren Ende entschlossen?
Wo hast du bewusst einmal einen Fehler gemacht?
Woran willst du weiterarbeiten?

Nicht weil Kälte unter den Menschen herrscht,
wagen wir die Begegnung nicht.
Weil wir die Begegnung nicht wagen,
herrscht Kälte unter den Menschen.

Knüpfe Kontakte

Soziale Kontakte haben einen großen Einfluss auf unser seelisches Wohlbefinden. Das gilt aber nur, wenn wir von Menschen umgeben sind, die uns gut tun. Der grundsätzliche Mangel an guten sozialen Beziehungen auf der einen Seite und der häufige Kontakt mit denjenigen, die uns stets negativ bewerten und runterziehen andererseits machen auf Dauer krank und einsam. Um neue, passende Freunde zu finden, musst du erst einmal Kontakte knüpfen. Das bedeutet, Menschen, ob am Arbeitsplatz, in der Nachbarschaft, im Verein oder beim zwanglosen Treffen freundlich zu begegnen, mit ihnen über Alltägliches zu sprechen, herauszufinden, woran sie interessiert sind, und zu spüren, wie sie auf dich wirken und ob auch sie sich sympathisch finden. Aus solchen Kontakten kann sich mit der Zeit eine Freundschaft entwickeln. Manches Mal bleibt es auch dabei, dass man sich auf der Straße grüßt und ein Schwätzchen hält. Das ist auf jeden Fall besser, als das Gefühl zu haben, ich bin unsichtbar auf dieser Welt.

Der Hintergrund

Wenn du dich beruflich verändert hast, plötzlich Mutter bist, dich neuen Freizeitbeschäftigen widmest oder dich für bestimmte Themen nicht mehr interessierst, kann es sein, dass dies Auswirkungen auf deinen Freundeskreis hat. Ähnliches passiert auch, wenn du krank geworden bist. Entweder melden sich deine Freunde nicht mehr oder du willst dich nicht mehr treffen. Dann schlag' neue Wege ein. Suche Menschen, die heute zu dir passen, die dich wertschätzen und annehmen, wie du bist. Nichts zu unternehmen, wäre keine gute Entscheidung.

Was du tun kannst

Wenn dein Freundeskreis zusammengeschmolzen ist oder du den Wohnort gewechselt hast, hilft dir nur deine eigene Initiative, um neue Verbindungen zu schaffen. Und zwar so bald wie möglich.

Gewöhne dir nicht an, dich in deinen vier Wänden zurückzuziehen. Und lass dich nicht von Gedanken bremsen wie „Ich finde sowieso niemanden", oder „Wer interessiert sich denn schon für mich?" Stell dir stattdessen lieber vor, du hast ein Treffen vereinbart, das dir Spaß macht, bekommst eine Einladung oder einen Anruf von Menschen, die sich für ähnliche Dinge interessieren wie du.

Geh unter die Leute

„Was soll das?" magst du dich vielleicht fragen, „Wie soll ich denn da jemanden kennenlernen?" und vermutest wohl auch, andere würden denken, du hättest ein Problem, weil niemand an deiner Seite ist. Doch du wirst ganz andere Erfahrungen machen. Kaum einer kommt auf solche Gedanken. Die meisten Menschen freuen sich, angesprochen zu werden. Denn jeder will gesehen werden.

Neulich beim Spaziergang begegnete ich einer Frau, die an der Leine einen winzigen Hund führte. „Oh, der ist aber gut eingepackt", rief ich aus und zeigte auf sein dickes Mäntelchen. Die Frau blieb stehen, erzählte, dass ihr kleiner Liebling für eine Operation geschoren wurde und deshalb jetzt warm gehalten werden muss. Da ich selbst einmal Hundehalterin war, entwickelte sich daraus ein unterhaltsamer Gedankenaustausch. Wenn wir uns jetzt beim Spazierengehen wieder sehen, ein Grund, stehenzubleiben und miteinander zu sprechen.

Ein anderes besonders schönes Erlebnis hatte ich beim Busfahren. An der Haltstelle kamen wir mit einem Paar in ein kurzweiliges Gespräch, was sich dann auf der Fahrt fortsetzte. Ich erfuhr, dass die Beiden in unserer Stadt im Urlaub sind. Beim Aussteigen drückte ich der Frau meine Visitenkarte in die Hand und schlug vor anzurufen, wenn sie wieder einmal im Lande sind. Und tatsächlich: Im Jahr darauf meldete sie sich. Es folgten höchst anregende Begegnungen und schließend kreuzten sich sogar noch Päckchen und Briefe.

Menschen mit gleichen Hobbys

Du machst gerne Sport, bist kreativ unterwegs oder interessiert dich für bestimmte Themen? Dann wäre eine entsprechende Gruppe, ein Verein oder ein Kurs ein guter Anfang. In den meisten Fällen gibt es nach gemeinsamem Tun noch einen geselligen Ausklang, bei dem du andere Teilnehmerinnen oder Teilnehmer ein bisschen näher kennenlernst und sich daraus vielleicht sogar der Wunsch nach einem privaten Treffen ergibt. Informiere dich, welche Gruppen oder Vereine es gibt, geh schnuppern und entscheide dann, ob das für dich passt.

Einen ähnlichen Weg kannst du gehen, wenn du dich lieber ehrenamtlich oder politisch engagieren willst.

Wer sind deine Nachbarn?

Nachbarn sind Menschen, mit denen man in allernächster Nähe wohnt, man trifft sie im Treppenhaus, auf der Straße. Wie schade, wenn man dann wort- und grußlos aneinander vorbeigeht. Mach einen Anfang und stelle dich nach dem Einzug vor. Oder aber klingele du, wenn du siehst, dass ein neuer Nachbar eingezogen ist. So schaffst du eine gute Atmosphäre. Und wenn du Glück hast, gibt es nun jemanden, der dir mal etwas ausleiht, der deine Post aus dem Kasten holt und die Blumen gießt, wenn du verreist bst. Auf Gegenseitigkeit natürlich.

Bring Menschen zusammen

Eine nächste Stufe des Kontakteknüpfens ist, aktiv dafür zu sorgen, dass Menschen zusammenkommen. Damit trägst du nicht nur dazu bei, selbst deinen Freundeskreis zu erweitern, sondern auch, dass andere untereinander in Verbindung kommen.

Was ich gemacht habe:

- Eine Müttergruppe organisiert
- Straßenfeste dort, wo ich wohnte, ins Leben gerufen
- Picknickkonzerte im Garten veranstaltet
- Zum Wohnzimmerplausch eingeladen
- Frauen zum gemeinsamen Spaziergang eingeladen (Ladiesstroll)

Von allen diesen Dingen habe ich wunderbare Rückmeldungen bekommen, zum einen für die Anlässe, zum anderen, weil die Gäste und Beteiligten selbst neue Kontakte knüpfen konnten und daraus Freundschaften entstanden.

Wenn du nicht alleine die Initiative ergreifen willst, dann such dir ein oder zwei andere, die bereit sind mitzumachen.

Wie du in Kontakt kommst

Angenommen, du bist auf einer Party, bei einem beruflichen Meeting oder bei auf einer Veranstaltung. Du fühlst dich unwohl, weil du niemanden kennst. Du bleibst abseits stehen und wartest, ob jemand auf dich zukommt und dich anspricht. Schon hast du die Frage im Kopf, ob es nicht besser wäre, dich wieder hinauszuschleichen. Mach das nicht. Fass den Mut und geh du auf jemanden zu. In den meisten Fällen wird die andere Person sich darüber freuen, dass du sie wahrnimmst und Interesse an ihr hast. Vielleicht entwickelt sich daraus ein Gespräch. Wenn nicht, dann geh weiter und probiere es noch einmal.

Schau hin und lächle

Das Lächeln baut eine Brücke, der sich niemand verschließen kann. Du signalisierst damit, dass du Kontakt aufnehmen willst und positiv eingestellt bist. Ein freundliches „Guten Tag" oder „Hallo" gehört ebenfalls dazu. An der Reaktion der angesprochenen Person merkst du, ob sie bereit ist für einen Small Talk, ein kleines Gespräch über allgemeine Themen. Sollte das nicht der Fall sein, dann bezieh dies nicht auf dich. Fühle dich nicht abgelehnt. Es gibt so viele Gründe, warum dieser Kontakt nicht zustande kommt, Gründe, die nichts mit dir zu tun haben.

Triff eine Feststellung

Der einfachste und unverfänglichste Einstieg in ein Gespräch ist eine Bemerkung zur Situation, in der du dich mit deinem Gegenüber befindest. Hattest du eine nützliche Wegbeschreibung? Weißt du, wie das Programm geplant ist? Bist du auf der Herfahrt im Stau gestanden? Wie bist du mit dem Gastgeber bekannt? Warst du schon öfter bei einer dieser Ausstellungen?

Oder du schaust dich im Raum um, in dem du dich gerade befindest. Gibt es eine ansprechende Aussicht? Hängen schöne Bilder an der Wand? Gibt es ein Buffet oder zumindest Getränke? Auch mit solchen Bemerkungen kannst du ein Gespräch eröffnen.

Stell eine Frage

Mit den richtigen Fragen kommst du ebenfalls schnell ins Gespräch. Durch Fragen zeigst du deinem Gesprächspartner dein Interesse an seiner Person, seiner Meinung, seiner Erfahrung. Doch auf die Formulierung kommt es an. Richtige Fragen sind in der Kommunikationspsychologie offene Fragen. Das sind solche Sätze, die mit einem Fragewort beginnen (wer, wann, was, wo, aus welchen Gründen, mit welchen Mitteln…) und auf die angesprochene Person frei antworten kann. Beispiel: „Wie sind Sie eigentlich dazu gekommen, sich mit Hundetraining zu beschäftigen?" Offene Fragen animieren dein Gegenüber, sich zu öffnen und detaillierter zu erläutern. Ein Gespräch kommt so sehr leicht in Gang.

Bist du auch das erste Mal hier?

Im Gegensatz dazu gibt es auf geschlossene Fragen in der Regel nur kurze, knappe Antworten, oft nur ein Ja oder ein Nein. Du als Gesprächspartner erfährst nichts Neues, du bekommst lediglich eine Bestätigung, ob du mit Ihrer Annahme richtig oder falsch liegst. Lass mich das an einem Beispiel illustrieren. Deine Frage: „Machen Sie das Hundetraining schon lange?" Seine Antwort: „Ja." Deine Frage: „Braucht das nicht viel Geduld, bis man dem Hund etwas beigebracht hat?" Seine Antwort: „Es geht."

Mach eine positive Aussage über dich

Wer etwas von sich erzählt, erzeugt Offenheit, die den Gesprächspartner meist zum Gegenzug anregt. Trotzdem ist Zurückhaltung angesagt. Deine Krankengeschichte ist hier genauso wenig am Platz wie deine persönlichen Schwierigkeiten in der Ehe, bei der Erziehung oder am Arbeitsplatz, geschweige denn deine politischen Ansichten.

Die Betonung liegt also auf ‚positive Aussage'. Du kannst z.b. erzählen, dass du mit dem Gastgeber seit Jahren Tennis spielst, zu Fuß hier her kommen konntest, weil du um die Ecke wohnst, oder dass du dich auf das Buffet freust, weil dir keine Zeit blieb, zum Mittagessen zu gehen. Rede nicht zu lange über dich, das wird dein Gegenüber (zumindest innerlich) auf Abstand bringen, sondern lade mit einer offenen Frage ein, sich am Gespräch zu beteiligen.

Verschenke ein Kompliment

Jeder hört gerne etwas Nettes über sich. Und wenn du Augen und Ohren offen hältst, wirst du auch etwas Erwähnenswertes finden. Dein Kompliment sollte aber ehrlich gemeint sein. Wer den Eindruck hat, ihm solle lediglich Honig ums Maul geschmiert werden, reagiert mit Sicherheit zurückhaltend und ist verstimmt. Gefällt dir die Krawatte oder die Kette deines Gegenübers? Dann sage es. Hat es dir die Sache leicht gemacht, weil du vom Gastgeber vorgestellt wurdest? Oder war die Ausschilderung zum Veranstaltungsort super? Auch das ist eine Erwähnung wert. Dein Gegenüber freut sich.

Bitte um Hilfe oder Auskunft.

Andere helfen in der Regel gern, man muss sie nur fragen. Sei es, dass du den Weg nicht weißt oder dass du deinen Tischnachbarn fragst, welchen Wein er empfiehlt. Vielleicht möchtest du von er Gastgeberin erfahren, wo man eine so schöne Blumendekoration bekommt oder ob sie diese womöglich selbst gemacht hat. Wer solche Fragen stellt, gibt dem Angesprochenen ein gutes Gefühl, behilflich sein zu können, und akzeptiert gleichzeitig seine Erfahrung auf den angesprochenen Gebieten. Für eine positive Atmosphäre gleich zu Beginn der Beziehung ist somit gesorgt.

Und jetzt:
Was hast du ausprobiert?
Welche neuen Kontakte konntest du knüpfen?
Wie ging es am einfachsten?
Woran willst du weiterarbeiten?

Wirklich gute Freunde sind Menschen,
die uns ganz genau kennen, und trotzdem zu uns halten.

Marie von Ebner Eschenbach

Pflege deine Freundschaften

Freunde zu haben ist wichtig. Mit Freunden können wir lachen, unsere Sorgen und Nöte teilen, die Freizeit verbringen und Pferde stehlen. Freunde geben uns Stabilität und das gute Gefühl, nicht allein zu sein im Leben. Wirkliche Freunde sind selten. Wir brauchen jedoch keinen großen Freundeskreis, einige wenige Lieblingsmenschen genügen. Gesellen sich dann noch ein paar gute Bekannte dazu, mit denen wir gerne ins Kino gehen oder ein Glas trinken, können wir uns glücklich schätzen. Gute Beziehungen erfüllen unser Bedürfnis nach Zugehörigkeit, nach Anerkennung und Selbstbestimmtheit. Die echte soziale Unterstützung durch gute Freunde federt Stress ab, sorgt dafür, dass wir uns wohl fühlen und stärkt sogar die Abwehrkräfte von Körper und Seele. Somit tragen sie zu unserer mentalen und emotionalen Stärke bei. Und nicht nur das: Ohne Freundschaften leidet auch das Selbstwertgefühl. Doch bedauerlicherweise haben echte Freundschaften heute oft keinen Bestand mehr, lockere Kontakte über die sozialen Medien sind kein Ersatz.

Der Hintergrund

Wenn du beruflich ständig unterwegs bist, Aufgaben in Beruf und Familie verbinden musst oder aber unter FOMO, der Fear oft Missing out, leidest, der Angst, etwas zu verpassen, bleibt für die Pflege deiner sozialen Kontakte oft keine Zeit. Irgendwann hören auch die besten Freunde auf, eine Einladung auszusprechen oder anzurufen, wenn du nie Zeit hast. Sie sagen: *„Entweder du bist gerade weg oder noch nicht wieder da."* oder *„Ich höre von dir immer, dass gerade viel Arbeit anliegt und es demnächst besser wird. Doch das war bisher nie der Fall."*

Vielleicht liest du zwar die Nachrichten deiner Freundin, deines Freundes, siehst deren Nummer auf dem Anrufbeantworter und tust nichts, weil du gerade sehr beschäftigt bist. Das weißt du, aber dein Gegenüber nicht. Keine Resonanz zu bekommen, ist verletzend. Freundschaften können nur Bestand haben, wenn sie gepflegt werden, und zwar nicht nur von einer Seite, beide Seiten müssen sich darum kümmern.

Was du tun kannst
Grundlagen einer Freundschaft

Freundschaften haben nur Bestand, wenn wir einander auf Augenhöhe begegnen, wenn wir bereit sind, zurückzugeben, was wir von unserem Gegenüber erhoffen. Was ist dir wichtig?

Eine Freundin (ein Freund) ist eine Person
- mit der ich gerne meine Freizeit verbringe
- mit der ich lachen und albern kann
- die eines meiner Hobbys mit mir teilt
- auf die ich mich verlassen kann
- die mir zur Seite steht, wenn ich Hilfe brauche
- mit der ich meine Probleme besprechen kann
- die mich annimmt, wie ich bin
- die ehrlich zu mir ist
- der ich offen meine Meinung sagen kann
- die verschwiegen ist und nichts ausplaudert
- die mir sagt, was sie an mir schätzt und was ich gut gemacht habe.

Lass dir die Stichworte durch den Kopf gehen und frage dich, ob du bereit bist, eine solche Person auch für deine Freundin zu sein. Dann stehen die Zeichen gut für eine Freundschaft mit Bestand.

Zuerst zieh Bilanz

Erstelle eine Liste. Schreibe die Namen auf von denen, die dir spontan einfallen. Scrolle oder blättere dein Adressbuch durch: Mit wem hattest du in der letzten Zeit Kontakt? Von wem wurdest du immer mal wieder angeschrieben oder angerufen? Wen vermisst du? Anschließend setze ein Symbol hinter die Namen, ein Plus (+), wenn es eine positive Beziehung ist, wenn du dich gerne an diese Person erinnerst, ein Minus (-), wenn die Begegnung keine gutes Erlebnis waren.

Was fällt dir auf? Wie lebendig ist dein Freundeskreis? Gute Beziehungen bleiben nicht von alleine gut, sie brauchen Pflege und Engagement. Von beiden Seiten. Denn wenn wir nichts voneinander hören, wenn wir uns nicht füreinander interessieren, dünnt der Kontakt aus und irgendwann wird er sogar abgebrochen. Vielleicht stehen auf deiner Liste Namen von Freunden aus früheren Zeiten, aus der Schulzeit, aus dem Studium, an die du dich gerne erinnerst. Mit ihnen konntest du auch nach Jahren sofort wieder ein paar anregende Stunden verbringen. Das ist schön, doch nicht ausreichend. Du brauchst Freunde, die mir dir deinen Alltag teilen, deine Freuden und deine Sorgen und für die auch du da bist.

Du bist erschrocken, dass es niemanden in deinem Leben gibt, der diese Rolle einnimmt? Dann lies das Kapitel „Kontakte knüpfen" und schau, welche ersten Schritte für den Aufbau eines Freundeskreises möglich sind.Wenn deine Aufzeichnungen anzeigen, welche Freundschaften du vernachlässigt hast und welchen du wieder mehr Leben einhauchen möchtest, dann setze die eine oder andere Übung um.

Plane Zeit ein

Du verbringst viel Zeit mit Ablenkungen, schaust Netflixfilme an, scrollst durch die sozialen Medien und verziehst dich am Feierabend am liebsten aufs Sofa? Das mag sich im Augenblick sehr angenehm anfühlen, doch sei dir bewusst, dass deine seelische Gesundheit, deine Kreativität, deine Lebensperspektive etwas anderes braucht: Das Zusammensein und den Austausch mit anderen. Deshalb nimm dir Zeit dafür.

Es ist nicht nötig, sofort einen Abend oder gar ein ganzes Wochenende für gemeinsame Unternehmungen frei zu halten. Für ein Telefonat, zumindest eine Kurznachricht oder eine Antwort braucht es nur Minuten. So erfährst du wenigstens, wie es der Freundin geht, und kannst sie teilnehmen lassen an deinem Leben. Solch ein kleines Zeitfenster für einen Kontakt lässt sich immer einrichten. Warum nicht gleich, jetzt, wenn du daran denkst?

Doch diese kurzen Kontakte alleine reichen aber nicht. Es braucht auch Zeiten für Treffen. Wann würde das bei dir gehen? Wie willst du deine Prioritäten ändern? Blockiere dir einen Abschnitt in deinem Kalender oder setze den Punkt auf deine To-Do-Liste. Wenn nicht, verschwindet dein Wunsch schnell wieder im Dickicht deiner Aufgaben oder auch nur deines sonstigen Zeitvertreibs.

Persönliche Gespräche, in denen wir uns nahe kommen, anschauen, manches Mal auch berühren können, haben einen sehr hohen Wert. Das setzt aber voraus, dass eine getroffene Verabredung auch eingehalten wird. Nur dann bedeutet sie Wertschätzung und Lebenselixier für eine Freundschaft. Wenn es beim ersten Anlauf nicht klappt, wirf die Flinte nicht gleich ins Korn. Zwei- oder dreimal solltet ihr schon einen Versuch wagen. Wenn allerdings dein Gegenüber den Kontaktversuch mit fadenscheinigen Ausreden verschiebt oder gar verweigert, dann lässt sich das Band, das euch einmal verbunden hat, wohl nicht mehr knüpfen.

Mach konkrete Vorschläge

Erinnere dich, was ihr früher alles mit Freude unternommen habt. Was würdest du heute gerne wieder einmal mit deiner Freundin erleben? Oder würdest du mit ihr lieber etwas Neues ausprobieren und kennenlernen wollen? Schlage das eine oder andere in einem Telefonat oder beim ersten Treffen vor und frag auch deine Freundin, worauf sie Lust hat. Dann schaut gleich in eure Kalender und vereinbart einen konkreten Termin. Nur dann hat die Sache eine Chance. Denn oft wird so dahin gesagt *„Ja, wir machen mal was aus."* und dabei bleibt es dann.

Ihr findet nur wenig Zeit? Dann reicht es aber vielleicht doch für einen kurzen Besuch in einem Café oder für ein Gespräch während der Mittagspause bei einem kurzen Spaziergang im Park, ohne Handy und ohne Ablenkung. Es geht mehr? Wie wäre es dann mit Kino, einem Konzert, einer Ausstellung oder gar mit einem Ausflug in die nähere oder weitere Umgebung?

Wenn dein Kalender wirklich eng getaktet ist, klappt es am ehesten mit einem gemeinsamen Rhythmus. Könntest du für das, was dir wichtig ist, nicht auch deine Freundin begeistern? Macht zusammen Sport und gönnt euch danach noch eine kleine Pause. Ihr verabredet euch also regelmäßig donnerstags zum Joggen oder trefft euch am Freitag nach Arbeitsschluss zu einem Drink. Feste Termine haben die beste Chance, eingehalten zu werden, und sind gleichzeitig ein Grund für Vorfreude.

Mit Freunden macht alles mehr Spaß

Leg dein Handy weg

Wenn du mit Freunden zusammen bist, dich mit ihnen unterhältst oder ihr gemeinsam etwas unternehmt, sollte dein Handy in der Tasche bleiben oder besser noch, lautlos gestellt sein. Denn nur dann zeigst du ihnen gegenüber Wertschätzung und echte Aufmerksamkeit. Wenn du nach dem Klingelton sofort zum Handy greifst oder gar einen Anruf annimmst, vermittelst du deinen Freunden das Gefühl, andere seien wichtiger als sie. Du bist ständig abgelenkt, das Handy unterbricht den Redefluss und das Gespräch verliert an Tiefe.

Freunde in der Ferne

Leider ist persönlicher Kontakt nicht immer möglich. Insbesondere dann, wenn Freunde weiter wegwohnen oder weggezogen sind. Doch zum Glück ist ein Kontakthalten dank Skype, WhatsApp und Telefon dennoch möglich. Noch schöner ist ein Videotelefonat über Zoom oder Skype, da wir dann unser Gegenüber noch sehr viel besser wahrnehmen, seine Mimik und Körpersprache sehen und auch eine Reaktion auf unser Verhalten bekommen.

Neben den Themen, was euch im Leben so passiert, wäre es auch möglich, gemeinsame Interessen zu kultvieren. Wenn ihr vereinbart, einen bestimmten Film anzuschauen oder das gleiche Buch zu lesen, habt ihr anschließend Gelegenheit für einen interessanten Austausch.

Heute nicht mehr sehr üblich, aber gerade deshalb so besonders, ist handschriftliche Post. Vielleicht entdeckst du beim Einkaufen eine Postkarte mit einem lustigen Bild und passendem Text. Ergänze sie mit einem kurzen Gruß und fertig ist die liebenswerte Überraschung, die im Briefkasten landet.

Werde aktiv

Früher konnte man Freunde spontan besuchen oder anrufen, doch das ist heutzutage eher die Ausnahme. Auch wenn du hoffst, dass Freunde dir eine Nachricht schicken oder gar anrufen, wirst du womöglich lange warten müssen. Es braucht immer einen Motor, um die Sache wieder in Schwung zu bringen. Warum also machst nicht du, wenn du Lust darauf hast, nicht den Anfang?

Warum nicht doch einmal deine Freundin/deinen Freund spontan an rufen und frage, wie es geht. Vielleicht gibt es nur einen kurzen Austausch, doch wenn Zeit ist, bleib nicht im lauen Smalltalk stecken, sondern zeige, dass du dich wirklich interessiert. Erzähle, dass du den Kontakt vermisst hast und dich freuen würdest, wieder einmal persönlich zusammenzukommen. In diesem Gespräch spürst du schon, ob es dein Gegenüber ebenfalls Interesse hat, den Faden wieder aufzunehmen.

Sei für andere da

In wirklichen Freundschaften ist das Geben und Nehmen in Balance. In guten Zeiten fällt es leicht, ein guter Freund oder eine gute Freundin zu sein. Erst in schwierigen Zeiten zeigt sich, wer auf wen zählen kann. Verlässliche Freunde sind füreinander da, z.B. wenn tatkräftige

Hilfe gebraucht wird, weil sie es alleine nicht schaffen. Sehr viel öfter noch wünschen wir uns jemanden, mit dem wir unsere Sorgen teilen können. Dabei erhoffen wir uns meist keine Lösungen. Wir wollen uns einfach nur von der Seele reden, was uns bedrückt. Das tut schon gut. Wir sehnen uns danach, eine Schulter zum Anlehnen zu finden und getröstet zu werden.

Manches Mal wünschen wir uns einen Rat, wir wollen hören, wie die Freundin die Dinge sieht. Auf diese Weise zeigen wir ihr, dass wir ihre Sichtweise schätzen, wir dürfen ihren Rat annehmen oder auch anders entscheiden. Sie wird es uns nicht übel nehmen.

Du hast oft schon eine Freundin, einen Freund unterstützt, dir Zeit genommen für deren Wünsche und deine eigenen Bedürfnisse hintan gestellt und nie von ihnen Unterstützung erfahren? Dann ist es höchste Zeit, das offen anzusprechen. Wenn sich nichts ändert, ist es besser, diese „Freundschaft" aufzugeben.

Die 12 Gebote der Freundschaft

1. Schätze deine Freundin, so wie sie ist, und sage ihr das auch.
2. Ergreife die Initiative, warte nicht, bis sie etwas tut.
3. Bleibe verlässlich. Brich keine Versprechen und halte Termine ein. Wenn es dir aus wichtigen Gründen nicht möglich ist, dann erkläre dich.
4. Sei ehrlich.
5. Sei für sie da, wenn sie dich braucht.
6. Sei loyal. Stehe zu ihr und setze dich für sie ein, besonders wenn sie im Außen unter Kritik steht.
7. Sprich nicht schlecht über sie. Mach dich auch nicht lustig über ihr Verhalten oder ihr Aussehen.
8. Kritisiere sie nicht vor anderen. Wenn du anderer Meinung bist, dann äußere diese Kritik nur unter vier Augen.
9. Behalte Anvertrautes für dich. Intime Dinge und Geheimnisse müssen unter dem Siegel der Verschwiegenheit bleiben.
10. Gönne ihr den Erfolg und feiere ihn mit. Selbst wenn es dich neidisch macht, zeigst du damti, wie viel sie dir bedeutet, weil du dich ehrlich mit ihr für ihren Erfolg freust.

11. Respektiere sie und sei empathisch. Höre ihr zu und versuche, sie zu verstehen.
12. Sei dankbar für die Zeit mit ihr.

Und jetzt:

Was hast du ausprobiert?

Mit wem konntest du den Kontakt wieder aufnehmen?

Was machst du jetzt wieder mit Freunden zusammen?

Woran willst du weiterarbeiten?

> *Ich bin nicht gescheitert – ich habe 10.000 Wege entdeckt,*
> *die nicht funktioniert haben.*
> Thomas Alva Ediso

Denk in Lösungen

Was machst du, wenn du vor einem Problem stehst? Suchst du den Schuldigen oder glaubst du, dass du schon wieder einen Fehler gemacht hast? Verbringst du deine Zeit mit stetem Grübeln auf der Suche nach möglichen Ursachen? Irgendwann merkst du sicher, dass dich das nicht weiter bringt. Die damit verbundenen negativen Gefühle ziehen dich herunter, dein Selbstwert sinkt. Und vor allem: Du kommst nicht vorwärts.

Der Hintergrund

Denn ob eine Situation oder Aufgabe als Problem empfunden wird, hängt häufig vom eigenen Denken ab. Wer nur in Problemen denkt, der fokussiert sich darauf, was falsch ist und wer die Schuld trägt. Er wird stets in die Vergangenheit schauen und wird auch in der Zukunft eher die Hindernisse sehen. Man bleibt dann in der Spirale stecken. Sie werden zur selbsterfüllenden Prophezeiung: Ich kann das nicht. Das geht nicht. Das funktioniert nicht.

Ganz anders ist es, wenn du die Lösung im Blick hast. Lösungsorientiertes Denken ist eine Einstellung, die es dir leicht macht, Herausforderungen zu bewältigen. Diese Einstellung lässt sich lernen und trainieren. Oft wird damit der Muskel der Selbstwirksamkeit beschrieben. Gemeint ist damit der Glaube, dass du eine Situation verändern kannst und du nicht Opfer der Umstände bist.

Was du tun kannst

Wenn du in Lösungen denkst anstatt über Probleme zu grübeln, entwickelst du eine positive Lebenseinstellung, förderst deine Kreativität und wirst selbstbewusster. In Lösungen denken, heißt Fragen stellen. Das gilt nicht nur im Beruf, sondern im Leben überhaupt. Konzentriere dich auf die Lösung, also darauf, wie es ist, wenn du das Problem aus der Welt schaffst.

Wiederhole Dinge nicht

Bevor du aber nach Lösungswegen suchst, brauchst du Klarheit. Finde heraus, wie es zu diesem Problem kam. Welche Ursachen gab es, welche Personen waren beteiligt und vor allem, liegt es in deiner Verantwortung, das Problem aus der Welt zu schaffen? Nur wenn du das weißt, wirst du Wege finden, das Problem dauerhaft zu lösen. Andernfalls besteht die Gefahr, dass es immer wieder auftritt, weil du nur an den Symptomen arbeitest, anstatt es dauerhaft zu lösen. Sobald dir aber die grundsätzlichen Hintergründe bekannt sind, geht es an die Lösungsperspektive.

Ändere deine Einstellung

Ich finde eine Lösung. Das sollte dein erster Gedanke, wenn sich eine Herausforderung auftut. Dann lass die Sache ruhen. Sehr oft poppt irgendwann aus deinem Inneren eine Idee auf oder dir fällt etwas im Außen auf. Du hörst oder liest etwas, was dir weiterhilft. Der Grund ist ganz einfach: Sobald du die Frage formulierst, für die du eine Antwort suchst, hast du deinen Scheinwerfer gestellt, der Dinge anleuchtet, die dir ohne diese Frage nicht aufgefallen wären.

Du öffnest eine Tür, du sperrst dein Inneres nicht ein, sondern lässt zu, dass du Ideen bekommst. Du wirst aktiv und fühlst dich stärker. Mit jedem Schritt in Richtung einer Lösung nimmst du dein Leben mehr und mehr in die Hand, du übernimmst Verantwortung und bist nicht Opfer der Umstände. Irgendwann geht dieses Denken in Fleisch und Blut über.

Mach dich schlau

Bevor du planlos loslegst, überlege dir:

- Liegt es in meiner Verantwortung, das Problem aus der Welt zu schaffen?
- Was hält mich ab, es zu versuchen?
- Wo könnte ich Informationen bekommen?
- Wer könnte mir helfen?
- Wer ist bei diesem Problem beteiligt?
- Wer muss bei der Lösung mitarbeiten?
- Was darf nicht passieren, wenn das Problem gelöst ist?
- Wie sollte die Situation hinterher aussehen?

Die Antworten werden deine Motivation steigern, wenn dir wirklich viel daran liegt, das Problem zu lösen. Wenn das nicht der Fall ist, dann frag dich, ob du in die Lösung deine Zeit und deine Energie investieren willst.

Finde Wege

Dir fällt ein, wie du das Problem lösen kannst und möchtest loslegen? Das ist nicht immer die beste Wahl. Mache lieber vorher ein kleines Brainstorming, sammle mögliche Lösungswege, besser auf dem Papier und nicht nur im Kopf. Zum einen ist der erste Einfall nicht immer der beste, zum andern hast du, sollte der erste Lösungsweg nicht klappen, noch andere in petto.

Der andere Weg ist besser.

Wir haben heute den Zugang zu so vielem Wissen, das uns hilft, eine Sache in den Griff zu bekommen. Wenn ich z.B. vor einer Herausforderung stehe, sei es, der Abfluss ist verstopft, mein Handy streikt, ich weiß nicht, wie ich mit Gouachefarben am besten male, dann suche ich im Netz. Manches Mal höre ich mich auch im Freundeskreis oder in der Familie um oder ich frage einen Experten. Das hilft weiter.

Such dir einen Weg aus und geh los

Nur zu recherchieren und darüber nachzudenken, reicht natürlich nicht. Jetzt geht es ans Tun. Schau dir deine Ideen zur Problemlösung an und wähle aus. Wieviel Zeit hast du zur Verfügung, welche Ressourcen brauchst du? Wenn eine Lösungsidee nicht funktioniert hat, heißt das nicht, dass du es auf keinen Fall schaffen wirst, sondern nur, dass es auf diese Weise nicht geht. Erlaube dir deshalb die Gedanken: „Es könnte funktionieren. Wenn nicht, probiere ich es auf eine andere Weise. Lernen werde ich auf jeden Fall dabei. Vielleicht sogar etwas, was ich gar nicht erwartet habe."

Prüfe das Ergebnis

Du hast nun eine Lösungsidee umgesetzt. Hast du erreicht, was du wolltest? Wunderbar. Dann klopf dir auf die Schulter und sei stolz, dass es dir gelungen ist, das Problem aus der Welt zu schaffen. Wenn deine Bemühungen die Situation aber nicht oder nur teilweise verbessert haben, dann wähle einen anderen Weg. Du hast dir ja mehrere Optionen gesucht. Und vergiss nicht, dir zu vergegenwärtigen, was du bisher schon gelernt hast.

Die Lösungssuche ist auf das Motto meiner beruflichen Arbeit: **Es gibt immer einen Weg**… steht auf der Vorderseite meiner Promotionskarte. Kleingedruckt steht auf der Rückseite: …**nur ist es nicht immer auf Anhieb zu sehen.**

Und jetzt:

Was hast du ausprobiert?
Welches Problem konntest du lösen?
Wie hast du Ideen für eine Lösung gefunden?
Woran willst du weiterarbeiten?

Mach' das Beste aus dir.
Etwas Besseres kannst du nicht tun.

Ralph Waldo Emerson, US-amerikanischer Philosoph

Deine Glaubenssätze

Was auch immer wir glauben, es bestimmt unser Leben. Was wir in früher Jugend im Elternhaus, in der Schule und im sozialen Umfeld gehört haben, prägt uns. Es sind Sätze über unser Aussehen, unsere Neigungen, unsere Persönlichkeit, unser Verhalten und auch über unsere Leistung. Man nennt dies Glaubenssätze oder auch Suggestionen. Heutzutage haben Medien, allen voran die sozialen Medien, einen immensen Anteil daran, was wir für richtig halten und wie wir glauben, uns verhalten zu müssen. Glaubenssätze haben einen entscheidenden Einfluss auf unser Selbstbild und unsere Gefühle.

Glaubenssätze sind eng mit unseren Werten verbunden und stellen die Regeln dar, wie wir diese Werte erreichen können. Sie können positiv, aber auch negativ sein. Positive Glaubenssätze unterstützen dich, deine Ziele zu erreichen und ein erfülltes Leben zu führen. Negative Glaubenssätze hingegen blockieren und hemmen deine Entwicklung. Im einen Fall glaubst du an die Möglichkeiten, die dir das Leben bietet. „Das schaffe ich schon." Im anderen Fall schränkst du dich von vornherein ein, indem du denkst „Das klappt sowie nicht." Und wenn du stets negativen Äußerungen ausgesetzt ist, entwickelst du Minderwertigkeitsgefühle, denn solche Formulierungen verwandeln sich in negative Gedanken über deine eigene Person, weil du sie für bare Münze nimmst. Auf der anderen Seite bringt der Satz „Man muss nur wollen …" viele dazu, sich zu überfordern und die eigenen Möglichkeiten zu überziehen. Sie bezahlen das mit erheblichen gesundheitlichen Schäden, mit psychosomatischen Symptomen oder unter Umständen sogar mit einem Burnout.

Wie sehr Glaubenssätze unser Handeln und unser Wohlbefinden beeinflussen, illustriert folgende Geschichte: Ein Asthmatiker wurde in seinem Bett von einem schweren Asthmaanfall überrascht. Es war dunkle Nacht, er befand sich in einem Hotel und meinte, er müsste ersticken. Er stürzte zur Tür, öffnete sie und atmete mehrfach tief durch. Die frische Luft tat ihm gut, und sein Asthmaanfall ließ bald nach. Als er am nächsten Morgen erwachte, stellte er fest, dass er nicht die Tür des Zimmers geöffnet hatte, sondern lediglich die Tür des Kleiderschranks.

Der Hintergrund

Oft ist uns die Herkunft von Glaubenssätzen nicht bewusst. Viele haben wir von unseren Eltern und Großeltern übernommen, für die waren diese Sätze nützlich. Manche entstanden aufgrund der gesellschaftlichen Regeln der Zeit, in der wir groß geworden sind. Wir haben sie übernommen und beibehalten, auch wenn sich die Zeiten geändert haben. Doch es gibt keine richtigen und falschen Glaubenssätze. Es gibt Glaubenssätze, die überflüssig wurden, weil wir uns verändert haben oder weil wir uns in einer anderen Lebensphase befinden. Andere kommen hinzu, wenn wir neue Erfahrungen gesammelt und neue Erkenntnisse gewonnen haben. Mit anderen Worten: Manche entbehren inzwischen jeder Grundlage, andere wiederum sind nicht mehr nützlich oder sogar hinderlich. Ein Beispiel für einen positiven Glaubenssatz könnte sein: „Ich bin fähig und kann Herausforderungen meistern." Ein negativer Glaubenssatz wäre: „Ich bin nicht gut genug."

Wenn wir uns weiterentwickeln wollen, müssen wir genauer hinschauen, was uns prägt. Danach können wir selbst entscheiden, welchen Glaubenssatz wir festhalten wollen, vielleicht weil er uns eine gute Stütze ist oder ob wir eine positive Formulierung dafür finden. Oder ob es nicht besser wäre, solche negativen Sätze rigoros über Bord zu werfen.

Was du tun kannst

Was wir glauben, muss nicht wahr sein. Nicht umsonst heißen sie Glaubenssätze und nicht Wahrheitssätze. Und dennoch stellen Glaubenssätze für die meisten von uns eine unverrückbare Tatsache dar, mit denen wir es uns aber viel schwerer machen als nötig. Diese Überzeugungen wirken meist unbewusst und beeinflussen, wie wir die Welt wahrnehmen und auf verschiedene Situationen reagieren. Es ist aber möglich, Glaubenssätze zu hinterfragen und zu verändern, um ein positiveres und selbstbestimmtes Leben zu führen.

Das Erkennen von Glaubenssätzen erfordert Selbstreflexion und Achtsamkeit. Du solltest deine Glaubenssätze ändern, wenn sie dir nicht gut tun. Oder dich von ihnen trennen. Je früher du damit beginnst, deine Überzeugungen vorsichtig zu hinterfragen, desto leichter wird es dir fallen, dich in die eine oder andere Richtung zu entscheiden. Damit verbunden ist ein großer Gewinn: Dein Leben wird leichter, dein Selbstwertgefühl wächst.

Es geht los

Im Folgenden begleite ich dich auf der Reise, deine Glaubenssätze zu entdecken, sie genauer anzuschauen und zu entscheiden, nach welchen du in Zukunft dein Leben ausrichten wirst. Und du findest heraus, wie sehr es dich entlastet, wenn du dich vom einen oder anderen endgültig verabschiedet hast.

Erkenne, was du glaubst

Viele unserer Überzeugungen und Glaubenssätze sind so tief in uns verankert, dass wir uns ihrer gar nicht bewusst sind. Doch es gibt einen Weg. Achte auf wiederkehrende Gedankenmuster, besonders in herausfordernden Situationen. Frage dich, was du in bestimmten Momenten über dich selbst oder die Welt denkst. Auch deine Wortwahl kann Hinweise auf Glaubenssätze geben. Formulierungen wie „Ich kann das nicht.", „Das ist unmöglich." oder „Ich bin immer so." weisen auf tief verankerte Überzeugungen hin. Auch wenn du auf bestimmte Situationen oder Aussagen emotional besonders stark reagierst, könnten die zugrunde liegenden Glaubenssätze der Auslöser sein.

Was sagst oder denkst du im Brustton der Überzeugung? Wann verwendest du Worte wie „immer", „alle", „jeder" oder „grundsätzlich"? Diese sind in der Regel mit einem Glaubenssatz verbunden.

Wie fühlst du dich, wenn jemand über dich spricht? Wirst du innerlich klein? Fühlst du dich kritisiert?

Welche Sprichwörter prägen deinen Alltag? Wie z.B. „Wer hoch hinaus will, kann tief fallen.", „Besser den Spatz in der Hand als die Taube auf dem Dach." oder „Schuster bleib bei deinen Leisten."?

Welche Sprüche aus der Familie liegen dir noch im Ohr? „Dein Bruder kann das besser." „Wer A sagt, muss auch B sagen."

Ich übernehme nicht alles von dir.

Positiv oder negativ

Wenn du eine Liste erstellt hast, nimm dir als nächstes nun einen Satz nach dem anderen vor und verknüpfe ihn mit folgenden Fragen:

* Welche Gefühle und Gedanken löst er in mir aus?
* Wann in meinem Leben war er hilfreich?
* Unterstützt er mich heute noch?
* Bei welchen Entscheidungen hat er mich ausgebremst?
* Welchen Preis musste ich zahlen, weil ich ihn ernst nahm?
* Woran hindert mich dieser Glaubenssatz?
* Wird mein Leben durch ihn glücklicher oder unglücklicher?
* Wie könnte mein Leben aussehen, wenn ich ihn streiche?

Anschließend streichst du die Glaubenssätze an, die ungute Gefühle in dir auslösen. Diese wollen wir im nächsten Schritt weiterbearbeiten.

Hinterfrage negative Sätze

Beginne, nachdem du deine Liste erstellt hast, aktiv daran zu arbeiten, deine Glaubenssätze zu verändern. Frage dich, ob sie wirklich wahr sind und ob es Beweise gibt, die das Gegenteil belegen. Vielleicht stellst Du allmählich fest, dass Deine negativen Überzeugungen völlig unbegründet sind und sogar das komplette Gegenteil der Realität entspricht. Wenn du zum Beispiel glaubst: „Ich bin nicht gut genug.", frage dich: „Worauf basiere ich diese Überzeugung?" oder „Gibt es Momente in meinem Leben, in denen ich bewiesen habe, dass ich gut genug bin?"

Haben Dir Deine Eltern vielleicht beigebracht „Im Leben bekommt man nichts geschenkt"? Dann überlege, ob dir nicht doch einmal etwas durch einen glücklichen Zufall „in den Schoß" gefallen ist. Oder ob dir jemand ein Geschenk oder eine kleine Freude gemacht hat, einfach so, ohne Gegenleistung. Vielleicht ist dir „aus heiterem Himmel" eine Stelle angeboten worden .Oder dein Nachbar war aus eigenem Antrieb bereit, deine Katze zu füttern, damit du unbesorgt in den Urlaub fahren kannst. Es könnte auch sein, dass du den ersten Preis bei einer Verlosung gewonnen. Du siehst, mit dieser neuen Überzeugung gehst du mit offenen Augen durchs Leben und wirst feststellen, dass an jeder Ecke Geschenke und Nettigkeiten auf Dich warten. Und das Beste: Du lässt ganz automatisch die positiven Dinge in dein Leben, auch dein Handeln wird sich verändern.

Eine andere Möglichkeit, negative Glaubenssätze zu verändern, ist, sie umzuformulieren. Streiche Wörter wie „nicht", „kein" oder „nie", und verwende stattdessen ein passenderes Verb.

„Ich schaffe das nicht." wird zu „Ich schaffe das." oder „Ich werde es schaffen."
„Ich gefalle niemandem." wird zu „Es gibt Menschen, denen ich gefalle."
„Ich bin es nicht wert." wird zu „Ich bin es wert."
„Ich mache immer Fehler." wird zu „Ich darf Fehler machen."
„Ich bin zu dumm." wird zu „Ich lerne jeden Tag dazu."

Verankere deine neuen Glaubenssätze

Mit der Zeit werden sich diese neuen positiven Glaubenssätze fest in deinem Unterbewusstsein verankern und dein Leben und Handeln genauso beeinflussen wie es zuvor die negativen Glaubenssätze getan haben, nur eben in die positive Richtung. Das ist der Weg zu mehr Selbstwertgefühl und zu einem erfüllten Leben. Diesen Prozess kannst du verstärken, indem du auch die folgenden Schritte machst.

Visualisiere deine neuen Glaubenssätze: Stelle dir regelmäßig vor, wie du deine neuen positiven Glaubenssätze lebst. Visualisiere Situationen, in denen du diese Überzeugungen umsetzt und den Erfolg oder die Erleichterung, die daraus resultiert.

Nutze Affirmationen: Wiederhole deine neuen Glaubenssätze regelmäßig, zum Beispiel durch tägliche Affirmationen. Schreibe sie auf und lies sie dir jeden Morgen oder Abend laut vor. Wiederholung hilft, die neuen Überzeugungen in deinem Unterbewusstsein zu verankern.

Handle im Einklang mit den neuen Glaubenssätzen: Versuche, dein Verhalten so anzupassen, dass es zu deinen neuen Überzeugungen passt. Wenn dein neuer Glaubenssatz lautet: „Ich kann Herausforderungen meistern", dann stelle dich bewusst schwierigen Situationen, um diesen Glaubenssatz zu bestätigen. Und freue dich über jeden noch so kleinen Erfolg, der dir zeigt, dass du auf dem richtigen Weg bist.

Hab Geduld. Die Veränderung von Glaubenssätzen ist ein langfristiger Prozess. Es kann Rückschläge geben, aber wichtig ist, dass du konsequent bleibst und dir selbst erlaubst zu wachsen.

Suche dir Unterstützung: Manchmal kann es hilfreich sein, Unterstützung durch einen Coach oder Therapeuten zu suchen, der Erfahrung im Umgang mit Glaubenssätzen hat. Sie können dir helfen, tieferliegende Überzeugungen aufzudecken und effektive Techniken zur Veränderung zu erlernen.

Auf jeden Fall aber: Glaub daran, dass du es schaffen wirst.

Und jetzt:

Was hast du ausprobiert?
Von welchem Glaubenssatz konntest du dich trennen?

Versöhne dich mit der Vergangenheit

Denkst du oft über Erlebnisse aus der Vergangenheit nach, über Menschen, die dich verletzt haben, und erzählst du anderen immer wieder von einer Enttäuschung, einem Verlust, den du erleben musstest? Oder aber verdrängst du lieber diese negativen Geschehnisse? Beides ist kein guter Weg, denn alte Verletzungen beeinträchtigen, wenn du sie nicht loslässt, deine innere Balance und schaden deinem Selbstwertgefühl.

Der Hintergrund

Bewegende Geschichten haben auf eine tieferliegende unterschiedliche Weise Wirkung auf uns. Die einen wecken schöne Erinnerungen, lassen uns in fremde Welten eintauchen und geben uns Einblicke in vergangene Zeiten. Bei anderen kommen Verletzungen und Kränkungen aus der Vergangenheit hoch, sie haben tiefgreifende emotionale und psychologische Auswirkungen auf uns. Das ist schmerzhaft, besonders, wenn ein Mensch, der uns nahesteht, dieses ausgelöst hat.

Dann gerät Leben unser aus dem Gleichgewicht. Wut, Angst, Ohnmacht und Traurigkeit ergreifen von uns Besitz. Die Gedanken kreisen unablässig um den erlittenen Schmerz. Sie formen, wie wir die Welt sehen, wie wir uns selbst wahrnehmen und wie wir auf zukünftige Erlebnisse reagieren. Die Verarbeitung dieser Verletzungen ist oft komplex, da sie in vielen Bereichen unseres Lebens spürbar bleiben.

Viele Menschen machen sich Vorwürfe für vergangene Fehler oder Entscheidungen. Sich selbst Mitgefühl und Vergebung entgegenzubringen, ist heilend. Erkenne an, dass du in der Vergangenheit dein Bestes gegeben hast, basierend auf dem, was du damals wusstest und fühltest. Selbstmitgefühl kann die Grundlage für Heilung sein. Eine Möglichkeit, sich damit auseinanderzusetzen, sind die nachfolgenden Impulse. Doch es gibt Wege, sich mit der Vergangenheit auszusöhnen.

Bei schwereren inneren Verletzungen, wenn du glaubst, dass du es nicht allein schafft, dann hol dir fachliche Hilfe, eine Therapie.

Was du tun kannst
Wechsle die Perspektive

Es liegt an dir, wie sich die Erfahrungen deines bisherigen Lebens auf deine Zukunft auswirken. Wenn du glaubst, die Vergangenheit prägt deine Zukunft, wirst du dich als Opfer fühlen. Ich kann nicht anders, so bin ich halt. Der Vergleich darf kein Alibi sein, Dinge wiederholen zu müssen. Du hast die Wahl, aus dem Erlebten etwas anderes zu machen, das Schreckliche in etwas Positives zu verwandeln. Im Märchen heißt es Stroh zu Gold spinnen. Wenn du als Kind immer klein gemacht, abgewertet wurdest, dann kann es heute dein Ziel sein, Kinder und Jugendliche bei ihrer Entwicklung so gut wie möglich zu unterstützen. Wenn du in einem Alkoholikerhaushalt groß geworden bist, verzichtest du heute auf solche Getränke.

Geh noch einmal zurück

Der erste Schritt ist die Anerkennung dessen, was geschehen ist. Das bedeutet nicht, dass du das Geschehene gutheißen musst, sondern dass du es als Teil deiner Geschichte akzeptierst. Verdrängung oder Verleugnung hält alte Wunden offen. Akzeptanz gibt dir die Möglichkeit, die Vergangenheit zu integrieren, anstatt sie zu bekämpfen. Was geschehen ist, ist geschehen. Fehler und schwierige Situationen gehören zum Leben dazu. Ganz gleich, wie oft und auf welche Weise du über diese eine Sache nachdenkst, du kannst die Vergangenheit nicht ändern. Andern aber kannst du deine Einstellung dazu. Es ist wichtig, das zu erkennen und anzunehmen. Denn ohne Versöhnung mit vergangenen Verletzungen gibt es keine Zukunft. Deshalb ist es ein wichtiger Schritt, sich mit der Vergangenheit zu versöhnen. Nur so kannst du inneren Frieden finden.

Was war dein Anteil?

Jeder Konflikt hat zwei Seiten. Es gibt Fehler und es gibt Missverständnisse. All das dient dazu, dass wir sie hinterfragen, an ihnen und im besten Fall mit unserem Umfeld gemeinsam wachsen. Jeder schmerzliche Moment oder jede Verletzung enthält oft eine Lehre.

Dies können Einsichten darüber sein, wie du dich selbst, oder andere Menschen siehst, oder welche Veränderungen du in deinem Leben vornehmen musst. Welche Lehren aus der Vergangenheit zu ziehen sind, kann dir helfen, deine Erfahrungen sinnvoll zu nutzen.

Emotionen und Verhaltensweisen bedingen sich gegenseitig. Es ist nötig zu erkennen und sich einzugestehen, was man selbst zu der Situation beigetragen hat. Unser Gegenüber ist ein Spiegel, der uns Gefühle und Handlungen offenbart, die wir selbst verdrängen, abwerten, nicht annehmen wollen. In jeder Form von Kritik steckt ein Funken Wahrheit, der mitunter durch die Brille des anderen verdreht und unangemessen ausgedrückt wurde, uns aber im Kern auf wichtige eigene Baustellen hinweisen kann. Die persönliche Bewertung der Ereignisse hängt oft mit alten persönlichen Prägungen, eigenen Erwartungen und inneren Konzepten zusammen. Sich in diesem Zuge über die eigenen negativen Glaubenssätze bewusst zu werden und deren Ursachen zu erkennen und zu verarbeiten, kann an dieser Stelle hilfreich sein.

Gib also nicht Verantwortung für die Entwicklung in einer Situation ab, sondern gib dir Raum und Zeit, dir deiner Gefühle, Gedanken und deines Verhaltens bewusstzuwerden.

Versetze dich in den Anderen

Auch wenn es schwerfallen mag, versetze dich in dein Gegenüber und versuche eine Erklärung zu finden, warum diese Person so gehandelt hat. Denn nur so wird es gelingen, mit der Vergangenheit Frieden zu schließen. Du lässt dein emotionales Gepäck los und konzentrierst dich auf positive Beziehungen in der Gegenwart. Versuche, den Konflikt so objektiv wie möglich zu betrachten.

Stelle dir vor, du wärst ein neutraler Beobachter der damaligen Ereignisse. Wie hat der Konflikt begonnen? Was waren die Hauptpunkte der Meinungsverschiedenheit? Wie hat sich die Situation entwickelt?

Überlege, was die andere Person in dem Moment gefühlt und gedacht haben könnte. In der Hitze eines Konflikts sind diese Perspektiven oft schwer zu erkennen, aber mit der Zeit kann es einfacher sein, sich in die Lage der anderen Person zu versetzen. Welche Bedürfnisse oder

Ängste könnten sie gehabt haben? Was wollte sie vielleicht mit ihrem Verhalten erreichen oder schützen?

In vielen Konflikten reagieren Menschen stark auf emotionale Auslöser, oft unbewusst. Vielleicht gab es bei dir oder bei der anderen beteiligten Person einen wunden Punkt, der durch bestimmte Worte oder Handlungen berührt wurde. Gibt es Dinge, die dich besonders verletzt haben? Worauf hast du besonders empfindlich reagiert? Gilt das auch für die andere Person?

Ich habe mich befreit

Manchmal spielen äußere Faktoren eine große Rolle in Konflikten. Menschen verhalten sich in bestimmten Momenten anders, wenn sie gestresst, überfordert oder emotional belastet sind. Waren in dieser Zeit andere Stressfaktoren vorhanden? Gab es äußere Umstände, die den Konflikt beeinflusst haben könnten (z.B. beruflicher Druck, familiäre Probleme, gesundheitliche Sorgen)?

Wenn du es schaffst, einen Perspektivwechsel vorzunehmen und ein Stück weit in die Haut des anderen zu schlüpfen, wirst du vermutlich eher verstehen können, warum es zu diesen großen Schwierigkeiten, zu Trennungen, Streitigkeiten oder Kontaktabbrüchen gekommen ist. Das heißt nicht, dass du das Verhalten des anderen billigst oder rechtfertigst. Doch du wirst empathischer werden, dich einfühlen und dir bewusst machen können, warum diese Person sich so verhalten hat.

Schreib einen Brief

Einen Brief an eine Person zu schreiben, die dich verletzt hat, den du nicht abschicken wirst, ist eine sehr wirkungsvolle Methode, um deine Gefühle zu verarbeiten und emotionale Lasten loszulassen. Auch wenn du den Brief nicht abschickst, hilft dir dieser Prozess, deinen Schmerz auszudrücken, Klarheit zu gewinnen und inneren Frieden zu finden. Hier ist eine Anleitung, wie du einen solchen Brief aufbauen kannst, um maximale emotionale Befreiung zu erreichen. Sei dir bewusst, dass dieser Brief ausschließlich für dich ist. Du musst nicht auf die Reaktion der anderen Person vorbereitet sein oder Rücksicht nehmen, was sie fühlen könnte. Das gibt dir die Freiheit, ehrlich und ungefiltert zu schreiben.

Schreibe offen und ehrlich über deinen Schmerz, deine Enttäuschung, deine Wut, deine Traurigkeit oder deine Verwirrung. Vermeide es nicht, negative oder unangenehme Gefühle anzusprechen. Der Brief ist der Raum, um alles herauszulassen. Beschreibe die Situation, das Verhalten oder die Worte, die dich verletzt haben, so detailliert wie möglich. Dies hilft dir, die Situation klarer zu sehen und zu verstehen, was genau dich so verletzt hat.

Gehe darauf ein, wie die Verletzung dich emotional, mental oder sogar körperlich beeinflusst hat. Manchmal kann das Niederschreiben dieser Auswirkungen dir helfen, das volle Ausmaß des Schmerzes zu erkennen und zu verarbeiten. Dies ist der Moment, um deiner Wut oder deinem Schmerz freien Lauf zu lassen. Schreibe alles auf, was du sagen möchtest, ohne es zu zensieren oder zurückzuhalten. Das hilft, aufgestaute Emotionen loszulassen.

Wenn du möchtest und bereit bist, kannst du im nächsten Schritt versuchen, auch Mitgefühl zu empfinden, für dich selbst und möglicherweise für die andere Person. Das muss nicht zwangsläufig geschehen, aber es kann dir helfen, eine tiefere Heilung zu erreichen. Wenn du bereit bist, kannst du den Brief mit einem Gefühl der Loslösung oder sogar Vergebung abschließen, sei es Vergebung für die andere Person oder für dich selbst. Dies ist jedoch nur dann nötig, wenn du dir danach verlangt.

Den Brief abzuschließen bedeutet auch, dass du den Prozess der Heilung weitergehen kannst. Du hast dir erlaubt, deine Gefühle auszudrücken, und das allein ist ein großer Schritt. Da der Brief nicht verschickt wird, kannst du entscheiden, was du mit ihm machst. Manche Menschen zerreißen oder verbrennen den Brief als symbolischen Akt des Loslassens. Andere bewahren ihn auf, um zu reflektieren, wie weit sie im Heilungsprozess gekommen sind.

Noch mehr Ansätze

Tagebuchschreiben ist eine kraftvolle Methode, um deine Gedanken und Gefühle zu ordnen. Indem du Erlebnisse und Emotionen niederschreibst, kannst du sie verarbeiten und besser verstehen.entwickle Selbstmitgefühl, sei freundlich zu dir selbst. Das bedeutet, dir zu erlauben, Fehler zu machen und dich nicht übermäßig zu kritisieren. Die Vergangenheit kann oft Scham oder Schuldgefühle hervorrufen, aber durch Selbstmitgefühl lernst du, dich mit Nachsicht und Geduld zu behandeln.

Die Systemische Therapie oder Familienaufstellungen ist eine Methode, die davon ausgeht, dass viele persönliche Probleme in Verbindungen zu familiären Mustern stehen. Durch eine Familienaufstellung kannst du alte Konflikte und emotionale Verstrickungen aus der Vergangenheit erkennen und Lösungen dafür finden.

Positive Visualisierung kann dir helfen, die Vergangenheit in einem neuen Licht zu sehen. Stelle dir vor, wie du mit der belastenden Situation Frieden schließt und wie du dich frei von den negativen Emotionen fühlst. Diese Methode stärkt deine Vorstellungskraft und hilft dir, innere Konflikte zu lösen.

Die Natur wirkt beruhigend und heilend. Spaziergänge oder Aufenthalte in der Natur können dir helfen, den Kopf freizubekommen und eine neue Perspektive auf vergangene Ereignisse zu gewinnen.

Versöhne dich

Die Versöhnung mit der Vergangenheit ist ein langer Prozess, aber er kann dir Frieden und Erleichterung bringen, wenn du ihn bewusst angehst. Es ist ein Prozess, bei dem Menschen nach einem Konflikt, einer Verletzung oder einem Missverständnis zueinander zurückfinden, um Frieden zu schaffen, alte Wunden zu heilen und Beziehungen zu reparieren. Sie erfordert oft Geduld, emotionale Reife und den Willen beider Seiten, sich zu öffnen und zu verstehen. Es geht dabei nicht nur um das Verzeihen, sondern auch um das Wiederherstellen von Vertrauen und gegenseitigem Respekt. Auch wenn keine Versöhnung mit der anderen Person möglich ist, kannst du durch innere Vergebung und Loslassen Frieden finden. Vergebung ist ein zentraler Teil der Versöhnung, da es darum geht, den Groll und die negativen Gefühle gegenüber der anderen Person loszulassen. Vergebung bedeutet jedoch nicht, das Verhalten der anderen Person gutzuheißen, sondern dich selbst von der Last des Grolls zu befreien. Es ist eine innere Entscheidung.

Loslassen meint hier nicht wegwerfen, jemanden austauschen oder vergessen. Sondern nicht mehr festzuhalten am Alten. Viele Beziehungen haben ihre Zeit und sind in bestimmten Lebensabschnitten wichtig und stimmig. Und dann kann es für alle Beteiligten nötig sein, loszulassen, damit jeder auf seinem persönlichen Weg ungehindert weitergehen kann. Es handelt sich auch hier um ein Gefühl, dass sich nur mit der Zeit einstellt und keine Forderungen oder stummen Wünsche an den anderen mehr enthält.

Wenn du es alleine schwer findest, dich mit deiner Vergangenheit zu versöhnen, kann es hilfreich sein, mit einem Therapeuten oder einer Vertrauensperson zu sprechen. Manchmal hilft es, die Dinge laut auszusprechen und eine neue Perspektive von außen zu erhalten.

Und jetzt:

Was hast du ausprobiert?
Von welchen Schmerzen aus der Vergangenheit konntest dich lösen?
Welche Übung hat dir geholfen?
Was willst du als nächstes angehen?

Sag deine Meinung

Du hast eine Meinung zu einem Thema, doch du schweigst lieber, weil du befürchtest, kritisiert zu werden? Du hast Angst, es könnte dir beruflich schaden oder es käme zu Konflikten in der Familie oder bei deinen Freunden? Vielleicht hältst du dich zurück, weil du mit deinen Aussagen die Gefühle deines Gegenübers nicht verletzen möchtest. Auch deine eigene Unsicherheit kann der Grund sein, dich in Diskussionen zurückzuhalten. Das ist schade. Denn nichts zu sagen, hat in der Regel mehr negative Folgen als sich zu äußern. Du fühlst dich nicht nur anderen gegenüber klein, auch sie sehen dich so. Unscheinbar, nichtssagend, mit allem einverstanden. Du darfst nicht nur deine eigene Meinung haben, du solltest sie auch kundtun. Auf das Wie kommt es an.

Der Hintergrund

Eine Meinung ist der Ausdruck eigener Gedanken, Erfahrungen und Überzeugungen, und es ist wichtig, dass man sich frei fühlt, sie zu äußern. Der respektvolle Austausch unterschiedlicher Meinungen kann dabei helfen, neue Perspektiven zu gewinnen und den eigenen Horizont zu erweitern. Das gilt auch im Kontakt mit Autoritätspersonen. Wer eine persönliche Meinung äußert, wirkt selbstbewusst und selbstsicher, was sich auf das eigene Selbstwertgefühl auswirkt.

Unsere Meinungen entstehen auf der Grundlage verschiedener Faktoren. Zum einen sind es die unterschiedlichen Informationsquellen, aus denen wir unser Wissen beziehen. Zum anderen spielen persönliche Erlebnisse und die damit verbundenen Gefühle eine entscheidende Rolle dafür, wie wir über ein Thema denken. Auch unsere Familie, Lehrer, Freunde und das gesellschaftliche Umfeld beeinflussen, wie wir die Welt sehen, und welche Werte, Normen und Überzeugungen uns wichtig sind.

Jeder Mensch hat seine eigenen Erfahrungen, Überzeugungen, Werte und Perspektiven, die seine Meinungsbildung prägen. Diese Vielfalt ist eine wertvolle Grundlage für Kreativität und Innovation. In einem

Umfeld, in dem unterschiedliche Perspektiven und Ideen aufeinandertreffen, entstehen oft die besten Lösungen. Verschiedene Meinungen regen zum Nachdenken an und eröffnen neue Möglichkeiten. Wenn wir mit anderen Ansichten konfrontiert werden, können wir unsere eigene Sichtweise hinterfragen, erweitern oder sogar korrigieren.

Was du tun kannst
Informiere dich

Bevor du eine Diskussion beginnst, stelle sicher, dass du genug über das Thema weißt. Informiere dich aus verschiedenen Quellen, um deine Meinung auf Fakten und nicht nur auf Emotionen zu stützen. Überlege dir klare Argumente, die deine Meinung unterstützen. Logische und gut durchdachte Argumente machen es einfacher, deine Position zu erklären.

Kommuniziere respektvoll

Eine Diskussion ist ein Dialog, kein Monolog. Höre den Argumenten deines Gegenübers aufmerksam zu, auch wenn du nicht zustimmst. So zeigst du Respekt und verstehst besser, warum die andere Person eine andere Meinung hat. Wenn du eine andere Meinung hast, formuliere deinen Widerspruch respektvoll. Statt z. B. zu sagen: „Das ist falsch!", kannst du sagen: „Ich sehe das anders, weil...".
Wenn du z. B. über ein politisches Thema diskutierst und eine andere Meinung vertrittst, könntest du sagen: „Ich verstehe deinen Standpunkt, dass du diese Politik für sinnvoll hältst, weil sie kurzfristig Arbeitsplätze schafft. Allerdings denke ich anders, weil ich langfristige Umweltschäden als wichtiger erachte. Hier sind einige Studien, die das belegen." Das fördert eine respektvolle und sachliche Diskussion, in der beide Seiten ihre Meinungen austauschen können.

Übe dich

In einem ersten Schritt übe alleine, indem du laut über deine Meinung nachdenkst. Stelle dir Fragen zu einem Thema und beantworte sie. Zum Beispiel „Warum finde ich, dass Umweltschutz wichtig ist?" oder „Was denke ich über die neuesten Nachrichten?" Halte deine Meinung zu verschiedenen Themen schriftlich fest, bevor du Selbstgespräche führst. Das hilft dir, deine Argumente klar zu formulieren und deine Gedanken zu ordnen. Indem du regelmäßig übst, wirst du immer selbstsicherer darin, deine Meinung klar und überzeugend zu äußern. Bevor du dich in einem Meeting oder in Vereinsgruppen in Diskussionen einbringst, unterhalte dich mit Freunden über aktuelle Themen oder über solche, die dir vertraut sind, und lerne so. Beginne mit einer einfachen Aussage, z. B. „Ich finde, dass wir mehr im Homeoffice arbeiten sollten, weil …" und lass die andere Person darauf reagieren. Danach gehst du auf die gehörten Sätze ein.

Ein konkretes bevorstehendes Gespräch lässt sich mit einer vertrauten Person üben. Schreib das Gesprächsziel auf wie auch die Argumente, mit denen du deine Meinung untermauern möchtest. Wenn du darauf Feedback bekommst für deine Begründung und auch für dein Auftreten, gibt dir das Hinweise, was du noch verbessern kannst. So wächst deine Sicherheit für den Ernstfall.

Ich sag meine Meinung

Leg dir Sätze zurecht

In Diskussionen kommt es rasch zu hitzigen Gefechten, weil Emotionen überhand nehmen. Doch aus einer Meinungsäußerung sollte immer klar hervorgehen, dass es nicht DIE unumstößliche Wahrheit ist, sondern lediglich eine Meinung. Das verdeutlichen Sätze wie

„Meiner Meinung nach …"
„Aus meiner Sicht …"
„Ich bin der Ansicht, dass …"
„Für mich ist es so, dass …"
„Nach meiner Auffassung …"

Willst du klar machen, dass es sich um deine subjektive Meinung handelt, dann kannst du folgendes sagen

„Ich persönlich finde, dass..."
„In meinen Augen …"
„Ich sehe das so, dass …"
„Meiner Überzeugung nach …"
„Ich habe den Eindruck, dass …"

Wenn du deine Meinung eher zurückhaltend oder vorsichtig äußern möchtest, sind diese Formulierungen hilfreich.

„Es scheint mir, als ob …"
„Ich könnte mir vorstellen, dass …"
„Ich habe den Eindruck, dass …"
„Es könnte sein, dass …"
„Meiner Meinung nach könnte man sagen, dass …"

Bleib ruhig und gelassen

Auch wenn Diskussionen hitzig werden, bleibe ruhig. Emotionen werden die Klarheit deiner Argumentation beeinträchtigen. Wenn du merkst, dass du emotional reagierst, nimm dir einen Moment, um dich zu sammeln. Konzentriere dich auf das Thema und nicht auf die Person. Vermeide Beleidigungen oder herabsetzende Bemerkungen, denn das führt selten zu einer konstruktiven Diskussion. Bist du oder auch dein Gegenüber nicht mehr in der Lage, die eigenen Gefühle im Zaum halten, dann unterbrich die Diskussion.

Man kann eine Diskussion zu einem späteren Zeitpunkt fortzusetzen, wenn beide Parteien die Möglichkeit hatten, mehr Informationen oder neue Gedanken zu sammeln. Du könntest sagen: „Lass uns das Thema vielleicht später noch einmal aufgreifen, wenn wir beide noch etwas nachgedacht haben." So hast du Zeit, noch einmal in Ruhe über gehörte Argumente nachzudenken und dich zu fragen, wie du darauf eingehen wirst.

Sei offen für Gegenargumente

Eine gute Diskussion bedeutet, dass du bereit bist, neue Informationen aufzunehmen und deine Meinung anzupassen, falls das notwendig ist. Das bedeutet nicht, dass du deine Meinung aufgeben musst, aber es zeigt, dass du offen für andere Perspektiven bist.

Anstatt nur deine eigene Meinung zu verteidigen, stelle Fragen, um besser zu verstehen, warum die andere Person eine bestimmte Ansicht vertritt. Das zeigt Interesse und kann zu einer tiefergehenden Diskussion führen.

Finde einen Kompromiss oder einen Konsens

Am Ende einer Diskussion lassen sich oft, selbst bei unterschiedlichen Meinungen, gemeinsame Schnittmengen finden. Ein Kompromiss bedeutet, dass beide Seiten Zugeständnisse machen, während ein Konsens eine Entscheidung darstellt, die von allen akzeptiert wird, ohne dass jemand das Gefühl hat, auf wesentliche Aspekte seiner Position verzichten zu müssen. Selbst wenn kein Konsens erreicht wird, sorgen Kompromisse dafür, dass sich beide Seiten in der Lösung wiederfinden. Das führt zu einer harmonischeren Zusammenarbeit und besseren Ergebnissen.

Überlege dir, welche Aspekte deiner Meinung dir am wichtigsten sind und wo du bereit bist, Zugeständnisse zu machen. Nicht jeder Teil einer Meinung ist gleich bedeutsam. Es kann hilfreich sein, zentrale Anliegen von weniger entscheidenden Punkten zu unterscheiden. Sei bereit, in einigen Bereichen nachzugeben, solange die Kernpunkte deiner Position gewahrt bleiben. Anschließend könnt ihr gezielt nach Bereichen suchen, in denen bereits Einigkeit besteht. Auch wenn die Positionen anfangs weit auseinanderliegen, gibt es oft Möglichkeiten, sich einander anzunähern.

Akzeptiere unterschiedliche Meinungen

Es kommt nicht selten vor, dass es in einer Diskussion keinen Kompromiss gibt. Das muss nicht im Streit enden, sondern ist die Herausforderung, in solchen Situationen dennoch konstruktiv und respektvoll zu bleiben. Denn es ist völlig in Ordnung, wenn du und dein Gesprächspartner am Ende einer Diskussion bei unterschiedlichen Ansichten bleibt. Jeder Mensch hat das Recht auf eine eigene Meinung, basierend auf individuellen Werten und Erfahrungen.

Wir müssen anerkennen, dass Menschen unterschiedliche Meinungen haben können, ohne dass eine Seite zwangsläufig „recht" hat. Ein Kompromiss muss daher nicht immer das Ziel einer Diskussion sein. Oft geht es vielmehr darum, Ansichten auszutauschen und gegenseitiges Verständnis zu fördern, selbst wenn am Ende keine Einigung erzielt wird.

In manchen Fällen ist es hilfreich sein, die Diskussion zu beenden, insbesondere wenn sie emotional wird oder zu keinem produktiven Ergebnis führt. Du könntest zum Beispiel sagen: „Ich denke, wir werden hier keinen Konsens finden. Vielleicht sollten wir das Thema an dieser Stelle ruhen lassen."

Eine häufig verwendeter Satz in solchen Situationen ist: „Wir können uns darauf einigen, dass wir uns uneinig sind." Das zeigt, dass du die Meinung des anderen respektierst, auch wenn ihr nicht zu einer Einigung kommt. Besser noch wäre: „Auch wenn wir nicht einer Meinung sind, schätze ich, dass wir offen und respektvoll darüber gesprochen haben." Dies hilft, die Diskussion in einem positiven Ton abzuschließen.

Und wenn ihr als Diskussionspartner auch nicht übereinstimmt, habt ihr vielleicht doch eine neue Perspektive kennengelernt, die die eigene Meinung herausgefordert oder erweitert hat. Diskussionen können dabei helfen, den eigenen Horizont zu erweitern, selbst wenn sie ohne Konsens enden.

Und jetzt?

Was hast du ausprobiert?
Welche Reaktion hast du bekommen?
Konnest du überzeugen?
Welche Übung hat dir geholfen?
Was willst du als nächstes angehen?

Niemand weiß, was in ihm drinsteckt,
solange er nicht versucht, es herauszuholen.
Ernest Hemingway, US-amerikanischen Schriftsteller

Probier was Neues

Dein Leben läuft rund. Du weißt, was am Arbeitsplatz zu tun ist, deine Tage haben einen festen Plan, der Speisezettel wiederholt sich und Menschen, mit denen du dich triffst, gehören schon lange zu deinem Leben. Trotzdem bist du nicht richtig zufrieden. Es fühlt sich langweilig an. Viellicht müssest du etwas ändern. Also lässt du lieber alles beim Alten. Denn du hast Angst, neue Schritte könnten nicht klappen.

Doch ich möchte dir sagen, das kannst du üben. Wenn du Unbekanntes ausprobierst, trainierst du deinen Geist, machst neue Erfahrungen und entwickelst deine Fähigkeiten weiter. Dein Leben wird vielfältiger und bunter. Und vor allem: Du bist gewappnet, wenn das Leben dich ungefragt vor Herausforderungen stellt und du darauf reagieren musst. Das kann ein Wohnungswechsel sein oder der Umzug in eine andere Stadt. Vielleicht droht eine Trennung oder du hast die Kündigung erhalten und musst dir nun eine andere Arbeit suchen. Das bedeutet, dich an der neuen Stelle eingewöhnen, an Aufgaben, an die Umgebung, die Kollegen. Damit das leichter geht, ist es gut, dich immer wieder mit unbekannten Dingen zu beschäftigen, dich auf Neues einzulassen.

Neues auszuprobieren eröffnet Möglichkeiten, die du sonst vielleicht nie entdeckt hättest. Neue Erfahrungen fordern dich heraus, aus deiner Komfortzone herauszutreten. Das stärkt dein Selbstbewusstsein. Wenn du Unbekanntes wagst, erweitert das Perspektiven und regt dein kreatives Denken an. Spannend ist, dass interessante Möglichkeiten oft nur dann entstehen, wenn du den Mut hast, neue Wege zu gehen. Du entdeckst Fähigkeiten, die die im Beruf oder im Alltag nützlich sein können.

Bei allem aber lernst du, deine Ängste zu überwinden, denn sie halten dich oft vor Unbekanntem zurück. Deshalb wirst du, wenn du immer wieder etwas Neues ausprobierst, gestärkt, um mit Unsicherheiten umzugehen, du wirst mutiger.

Der Hintergrund

Was dich möglicherweise hindert, Neues auszuprobieren, sind Erfahrungen aus der Vergangenheit. Bei einem deiner Vorhaben ist es vielleicht nicht gut gelaufen, du hast kein Ergebnis erzielt und so wurde dein Vertrauen geschwächt. Auch hohe Erwartungen an dich selbst können eine große Hürde sein. Oder aber du fürchtest die Kritik von anderen. Doch sei dir bewusst, einen Anfang zu machen heißt nicht, es schon zu können, sondern zu lernen. Es ist auch nicht nötig, ein Risiko einzugehen und große Sprünge zu machen. Mit jedem noch so kleinen Schritt in die neue Richtung entwickelst du dich weiter und gewinnst an Selbstvertrauen. Das ist das Beste, was du für dich tun kannst. Denn Lernen hält jung und aktiv. Sonst wird dein Gehirn nicht mehr ausreichend mit neuen Informationen versorgt, was zu Verlusten der geistigen Leistungsfähigkeit kommen kann. Und das willst du doch nicht, oder?

Was du tun kannst
Probiere aus, wozu du Lust hast

Du kannst in jedem Bereich deines Lebens beginnen, etwas Neues auszuprobieren. Mache deine Erfahrungen, spüre, wie es ist, die Komfortzone zu verlassen, und verstehe, was du brauchst, um motiviert und mutig voranzugehen. Worauf hättest du Lust? Möchtest du eine andere Sprache lernen oder ein Instrument, würdest du gerne einmal Bücher zu einem außergewöhnlichen Thema lesen oder eine andere Stadt besuchen? Oder willst du neue Rezepte ausprobieren? Fass den Mut und werde aktiv, auch wenn es sich wie der Sprung ins kalte Wasser anfühlt. Erstelle eine Liste, was dich interessiert, und wähle dann eine Sache aus. Ihr widmest du dich dann für eine Weile.

Lerne von anderen

Um Neues zu lernen, brauchst du Wissen, Anregungen und Unterstützung von anderen. Das kann der ganz normale Unterricht sein. Vielleicht aber gibt es zu deinen Themen auch Events, Ausstellungen oder Vorträge. Über Biografien erfährst du häufig, welchen Weg jemand gegangen ist, bevor sich der Erfolg einstellte. In vielen Fällen bekommst du Anregungen über YouTube, Pinterest oder in speziellen Gruppen der Sozialen Medien. Gerade die Menschen, die schon ein ganzes Stück weiter sind als du, geben dir gerne Tipps und Anleitungen. Mach dich schlau und nimm Kontakt auf. Doch informiere dich nicht nur, sondern setze um, was du erfährst. Bleib neugierig und motiviert.

Kein Perfektionismus

Das größte Hindernis beim Lernen ist, sofort besondere Ergebnisse zu erwarten. Also akzeptiere Fehler. Niemand ist perfekt, Fehler gehören zur Weiterentwicklung dazu. Sie sind eine wertvolle Lernquelle und kein Zeichen des Scheiterns. Jeder fängt klein an, ganz gleich auf welchem Gebiet. Auch wenn du heute in der Lage bist, wunderbare Texte zu schreiben, so wurde dir zu Beginn doch erst einmal das Alphabet beigebracht. Festige das Gelernte und sei stolz darauf, was du dir schon angeeignet hast. Notiere deine Fortschritte und wenn sie noch so klein, sind halte fest, wie es als Nächstes weitergehen soll. Das Gleiche gilt auch für „falsche" Schritte, denn du weißt dann, welcher Weg nicht funktioniert hat, und du machst den gleichen Fehler nicht noch einmal.

Bleib für dich

Wenn du dir neue Fähigkeiten aneignen willst, sei es schnitzen, musizieren oder nach neuen Rezepten kochen, ist es besser, dies anfangs im stillen Kämmerlein zu tun. Denn alleine die Vorstellung, was andere über deine Ergebnisse sagen könnten, wird dir vermutlich den

Schwung nehmen und dich klein fühlen lassen. Konzentriere dich auf die positiven Ergebnisse, statt dich von negativen Szenarien leiten zu lassen.

Leg einfach los, bewerte dich nicht, sondern versuche, in den Flow zu kommen. Du wirst vielleicht sogar feststellen, dass du im ersten Augenblick total unzufrieden bist, mit dem was du geschafft hast. Am liebsten möchtest du alles in den Papierkorb werfen. Doch mach das nicht. Zwei Tage später siehst du es vielleicht mit ganz anderen Augen. Du erkennst Verbesserungsschritte und setzt es um. Erkenne deine persönliche Herangehensweise
.

Dranbleiben oder nicht?

Du hast dich eine Weile einem neuen Thema gewidmet und merkst nun, ob dir das noch weiter Lust macht oder ob du es nur ein Strohfeuer war? Es liegt in deiner Hand zu entscheiden, wie es weitergeht. Wenn es Bestandteil deines Lebens bleiben soll (und wenn auch nur für eine bestimmte Zeit), ist es ein Gewinn. Wenn du genug davon hast, dann darfst du die Sache abschließen. Es versucht zu haben, war richtig. Du hast deine Vorlieben kennengelernt, die Richtung deiner Fähigkeiten und brauchst später im Lehnstuhl nicht bedauern: „Schade, dass ich es nicht doch probiert habe."

Die Entscheidung zu treffen, etwas nicht weiterzuführen, weil es dir keinen Spaß mehr macht, ist kein Scheitern. Doch schau genau hin: Ist es wirklich der fehlende Spaß, der dich dazu bringt, das Neue wieder zur Seite zu legen, oder sind es die Hürden, die sich auf dem Weg aufgetan haben? Bist du nicht weitergekommen, weil dir die Kenntnisse fehlten, oder hat es einfach zu lange gedauert und du bist mit deinen bisherigen Ergebnissen nicht zufrieden? Da dann lohnt sich die Frage, wer oder was dir helfen könnte, diese Hürden doch noch zu überwinden. Und im Übrigen: Auch Fähigkeiten, die du nur in ihren Grundlagen entwickelst, können dich glücklich machen und dein Leben bunter. Wenn es dir Spaß macht, ein bisschen auf der Gitarre zu zupfen oder ein kleines Blumenbeet anzulegen, dann tu es und miss dich nicht mit anderen, die es besser machen. Sei ganz du.

Vorhandene Fähigkeiten verknüpfen

Auch wenn du das eine oder andere nicht weiterführst, hast du doch etwas dazugewonnen. Du bist gewachsen. Eines Tages vielleicht lassen sich alte und neue Fähigkeiten verbinden, um Ziele zu erreichen, an die du heute noch gar nicht denkst.

Und jetzt:

Was hast du ausprobiert?
Was möchtest du beibehalten?
Was loslassen?
Welche Fähigkeiten hast du entdeckt?

Ein Ziel, das man nicht sieht, kann man auch nicht treffen.

Unbekannt

Visualisiere deine Ziele

Für die einen ist Visualisierung ein unverzichtbares Werkzeug, das den Erfolg mental verankert. Sie gehen davon aus, dass die Methode ihnen hilft, ihre Ziele klarer zu definieren und ihre Motivation aufrechtzuerhalten, weil sie das Endziel ständig vor Augen haben. Dadurch fühlen sie sich inspiriert und fokussiert. Im Sport ist die Visualisierung weit verbreitet. Denn sich den Erfolg vorzustellen, verstärkt den Glauben an die eigene Leistungsfähigkeit. Ein Slalomläufer z.B. steht oben am Start. Bevor er losläuft, ob während des Trainings oder im Wettkampf, schließt er die Augen und bewegt die Hand, als ob er um die Stangen fahren würde. Diese inneren Bilder bereiten ihn optimal auf das Rennen vor. Andere wiederum lehnen die Visualisierung ab oder stehen dieser Methode zumindest skeptisch gegenüber. Sie empfinden sie als unwissenschaftlich oder esoterisch. Auch vermuten sie, dass sie eine passive Einstellung fördert und dass die, die sie einsetzen, daran glauben, positive Gedanken allein ausreichten aus, um Ziele zu erreichen. So würden sie nicht aktiv werden.

Der Hintergrund

Doch die Erfahrung belegt etwas anderes. Das Visualisieren von Zielen basiert auf einer Mischung aus wissenschaftlichen und psychologischen Prinzipien. Sie hilft, das Gehirn zu „trainieren", sich auf Erfolg zu konzentrieren, motiviert zur Handlung, erhöht das Selbstvertrauen und lenkt die Aufmerksamkeit auf Möglichkeiten, die dich dem Ziel näherbringen. Wenn du dir also ein Ziel bildlich vorstellst, wird es greifbarer und konkreter. Dies unterstützt dich, klarer zu sehen, was du wirklich erreichen möchtest, und dich stärker darauf zu konzentrieren. Je präziser die Visualisierung, desto sichtbarer wird der Weg dorthin. Deshalb ist das Visualisieren von Zielen eine so kraftvolle Technik. Sie löst positive Emotionen aus und motiviert dich, aktiv auf dein Ziel hinzuarbeiten.

Indem du an positive Szenarien denkst, lassen sich Ängste und Selbstzweifel abbauen. Wenn du dir immer wieder vor Augen führst, dass du ein Ziel erreichst, wird dein Unterbewusstsein weniger durch negative Gedanken blockiert, was zu einem stärkeren Selbstvertrauen führt. Außerdem findest du durch die Visualisierung auf kreative Weise neue Wege, deine Ziele zu erreichen. Während du dir mögliche Szenarien oder Herausforderungen vorstellst, tauchen oft Ideen und Lösungen auf, an die du vorher nicht gedacht hast. Die wirkungsvollste Herangehensweise ist, Visualisierung als Ergänzung zu konkreten Maßnahmen zu nutzen und dabei einen realistischen und ausgewogenen Ansatz zu verfolgen.

Was du tun kannst

Hier gibt es verschiedene Möglichkeiten, es trotz deiner inneren Widerstände auszuprobieren. Mach deine Erfahrung und entscheide danach, ob und auf welche Weise du das Visualisieren beibehalten möchtest.

Erstelle ein Visionsboard

Ein Visionsboard ist eine Sammlung von Bildern, Zitate und Worten, die deine Träume und Ziele symbolisieren. Diese visuelle Erinnrerung unterstützt dein Unterbewusstsein dabei, dich auf die Ziele zu fokussieren, und bedeutet eine tägliche Motivation. Als Erstes schneidest du aus Zeitschriften passende Fotos oder Texte aus, die du dann auf einem stabilen Hintergrund, einem Karton, arrangierst und schließlich festklebst. Wähle zum Aufhängen des Visionsboards einen Platz, auf den täglich dein Blick fällt, vielleicht ist das Arbeitszimmer oder das Schlafzimmer der richtige Ort. Nimm dir regelmäßig Zeit, deine Bildersammlung zu betrachten und sie auf dich wirken zu lassen. Du willst das lieber auf dem Handy machen? Kein Problem. Lade dafür eine entsprechende App herunter oder nutze den kostenlosen Zugang zu Canva.

Du wirst mir schmecken!

Meditiere regelmäßig

In einer Mediation stellst du dir vor, wie du an dein Ziel kommst. Visualisiere den Weg dorthin, einschließlich der Schritte, die du unternehmen musst, und der Herausforderungen, die du überwindest. Tauche ein in die Gefühle, die du erleben würdest, wenn du auf dein das Ziel zugehst. Meditiere zweimal am Tag, morgens und abends ungefähr fünf bis zehn Minuten.

Setze dich dafür in eine ruhige Umgebung und schließe die Augen. Stell dir dein Ziel so lebendig und detailliert wie möglich vor. Versuche, nicht nur die visuellen Aspekte zu sehen, sondern auch die damit verbundenen Geräusche, Gerüche und Gefühle zu erleben. Also: Was hörst du, schmeckst du, riechst du? Was siehst du oder was kannst du mit deinen Händen fühlen?

Schreibe deine Geschichte

Statt zu meditieren könntest du den Weg in Richtung auf dein Ziel auch schriftlich festhalten. Denn selbstverfasste Texte helfen dir auch, innere Bilder entstehen zu lassen, dich emotional mit deinem Ziel zu verbinden und dein Unterbewusstsein auf den Erfolg zu programmieren. Schreibe die Geschichte deines zukünftigen Erfolgs so detailliert wie möglich auf, als hättest du dein Ziel bereits erreicht. Die Überschrift ist die Gegenwart, denn du bist bereits am Ziel angekommen: „Es ist der 1. Mai und ich habe heute meinen lang ersehnten Arbeitsvertrag unterschrieben. Ich bin voller Freude und stolz darauf, dass ich das geschafft habe."

Beschreibe nun mit eigenen Worten deinen Weg zum Ziel. Welche Umstände, welche Chancen haben sich ergeben, welche Gefühle wurden geweckt, welche Unterstützung hast du bekommen? Welche Zwischenetappen konntest du feiern?

Tägliches Journaling

Eine andere Variante ist das regelmäßige Schreiben. Journaling allerdings entspricht nicht den Tagebucheinträgen, bei denen du notierst, was sich den Tag über so alles ereignet hat. Es geht dabei vielmehr um den Prozess und darum, den Fokus auf dein Ziel zu behalten. In deinem Notizbuch konzentrierst du dich auf die Schritte, die du gegangen bist in Richtung auf dein Vorhaben. Trage jeden Tag ein, wie du dem Ziel nähergekommen bist, was du dafür getan hast und welche inneren Bilder dabei entstanden sind. Zusätzlich kannst du reflektieren, welche Hindernisse sich dir auf dem Weg entgegengestellt und welche Lösungen geholfen haben, sie zu überwinden.

Verwende Stifte und Farben

Wenn du kreativ bist, magst du deine Ziele vielleicht lieber durch Zeichnungen oder Gemälde darstellen. Die visuelle Darstellung hat einen bestimmten Reiz, denn ein lebendiges Bild ist stärker als 1000 geschriebene Worte, und bunte Farben sprechen besonders stark die Emotionen an. Das wird dir helfen, dich stärker mit deinem Ziel zu verbinden.

Zeichne oder male eine Szene, die dein Ziel symbolisiert. Es geht nicht darum, eine konkrete Situation darzustellen, du kannst Symbole benutzen, Strichmännchen oder auch abstrakte Formen. Stelle dir beim Zeichnen vor, wie du das Ziel erreichst, und konzentriere dich darauf, positive Gefühle mit dem Bild zu verknüpfen. Hänge das Bild in deinem Sichtfeld auf und betrachte es regelmäßig.

Wähle einen Gegenstand

Auch ein Gegenstand kann dir helfen, dich immer wieder an dein Ziel zu erinnern. Wähle ein Objekt, das du an einem gut sichtbaren Ort in der Wohnung positionierst. Für eine geplante Reise eine Landkarte oder etwas, was dein Ziel symbolisiert, wie einen Schlüssel für den Wunsch nach einem neuen Zuhause, Geldscheine für finanzielle Fülle oder auch ein Modellauto für deinen Traumwagen.

Vielleicht findest du auch etwas aus der Vergangenheit, das du mit positiven Ergebnissen und Erfahrungen verbindest, um dich an deine bisherigen Erfolge zu erinnern und dir Mut für zukünftige Ziele zu machen.

Eine andere Variante sind motivierende Zitate und Karten, die du in deinem Arbeitsbereich, am Spiegel als Bildschirmhintergrund auf deinem Handy bzw. Computer platzierst. Eine besonders gute Idee ist es, die Collagen aus diesem Buch zu verwenden, denn sie erinnern dich daran erinnern, an welchem Thema du gerade arbeitest. Und nicht nur das. Diese Tiereillustrationen werden dich in eine gute Laune versetzen und dir Lust machen, dran zu bleiben und dich weiterzuentwickeln.

All die aufgeführten Gegenstände oder Worte helfen dir, deine mentale Ausrichtung auf deine Ziele zu lenken und dich zu motivieren. Sich dir aus, was für dich am besten funktioniert.

Und jetzt:

Was hast du ausprobiert?
Welche Bilder lenken dich auf dein Ziel?
Welche Methode passt am besten zu dir?
Woran willst du weiterarbeiten?

Das Glück deines Lebens hängt von der
Beschaffenheit deiner Gedanken ab.
Marc Aurel

Finde deine Affirmationen

Verwendest du Affirmationen oder glaubst du, dass solche Sätze nichts bringen? Ehrlich gesagt war ich früher auch eher skeptisch, ob Affirmationen tatsächlich wirken. In einer schwierigen Situation habe ich mich allerdings dann doch entschieden, sie auszuprobieren. Ich stand vor einem finanziellen Einbruch und wählte deshalb den Satz: „Ich ziehe Fülle an". Es hat tatsächlich funktioniert. Es kamen neue Aufträge und sogar eine Steuerrückzahlung. Auch während meiner Krebserkrankung setzte ich Affirmationen ein. Sie haben sicher dazu beigetragen, dass ich alle Behandlungen relativ gut überstanden habe und nun schon im achten Jahr krebsfrei bin. Kann ich dich mit dieser Erfahrung dazu inspirieren, Affirmationen in dein Leben zu integrieren?

Der Hintergrund

Affirmationen sind positive Aussagen oder Glaubenssätze, die dazu verwendet werden, das eigene Denken bewusst zu beeinflussen und positive Veränderungen im Leben zu fördern. Sie helfen dabei, negative Denkmuster zu durchbrechen, das Selbstbewusstsein zu stärken und eine optimistische innere Haltung zu entwickeln. Durch regelmäßige Wiederholung von Affirmationen kannst du dein Unterbewusstsein schrittweise umprogrammieren und neue, positive Überzeugungen fest verankern.

Täglich denken wir etwa 60.000 Gedanken und mehr, und je nachdem, ob diese Gedanken eher positiv und optimistisch oder kritisch und problemfokussiert sind, hat das einen spürbaren Einfluss auf unser Leben. Dabei ist es wichtig zu verstehen, dass Affirmationen keine Wunder bewirken, sondern als unterstützendes Werkzeug dienen, um eine positive Einstellung zu fördern und Veränderungen anzustoßen. Sie entfalten ihre volle Wirkung, wenn sie regelmäßig angewendet und mit konkreten positiven Handlungen kombiniert werden.

Was du tun kannst
Finde die passenden Sätze

Überlege, in welchen Bereichen deines Lebens du gerne positive Veränderungen sehen möchtest. Wo bist du unsicher, fühlst Selbstzweifel oder innere Blockaden? Schreibe diese Themen auf, seien es Selbstwert, Gesundheit, Beziehungen, Karriere oder etwas anderes. Affirmationen sollten auf deine aktuellen Bedürfnisse und Ziele abgestimmt sein.

Formuliere richtig

Formuliere deine Affirmationen in der Gegenwart, positiv und kraftvoll. Sie sollten so gestaltet sein, als wäre das gewünschte Ziel oder der Wunsch bereits Realität. Zum Beispiel: Anstatt „Ich will selbstbewusster werden." sage: „Ich bin selbstbewusst und vertraue auf meine Fähigkeiten." Oder statt „Ich will glücklicher sein", könntest du folgende Wendung nehmen: „Ich bin dankbar und fühle mich erfüllt und glücklich."

Affirmationen funktionieren am besten, wenn sie persönlich und authentisch sind. Vermeide es, vorgefertigte Sätze zu übernehmen, die sich für dich nicht natürlich anfühlen. Deine Affirmationen sollten zu deiner Sprache und deinem Weltbild passen, damit du eine echte Verbindung zu ihnen spürst. Achte darauf, dass die Affirmation zu deinen Zielen passt und sich für dich stimmig anfühlt. Du kannst auch verschiedene Affirmationen ausprobieren und anpassen, bis sie sich richtig anfühlen.

Formuliere sie klar, positiv und so, als ob dein Wunsch bereits Realität ist. Nur so wird Affirmation dir Kraft und Zuversicht geben. Die Verwendung der Gegenwart ist ebenfalls wichtig, denn Worte wie „Ich werde" erzielen keine Wirkung, da sie immer die Zukunft im Blick haben. Ob sich Ziele mit solchen Formulierungen erreichen lassen, ist ungewiss. Sätze wie „Ich bin" und „Ich habe" sind besonders kraftvoll. Vermeide negative Wendungen. Formuliere „Ich bin mutig und selbstbewusst." statt „Ich bin nicht ängstlich."

Formuliere „Ich bin mutig und selbstbewusst." statt

„Ich bin nicht ängstlich."

„Ich vertraue auf mich und meine Fähigkeiten."

„Ich bin fähig und stark." Verwende diesen Satz, er erhöht langfristig dein Selbstvertrauen.

„Ich bin erfolgreich und erreiche meine Ziele mit Leichtigkeit." Damit konzentrierst du dich auf deine Pläne und Projekte.

„Ich bin ruhig und entspannt."

Diese Affirmation hilft dir, Ruhe und Gelassenheit zu finden und Stress abzubauen. Noch mehr Ideen für Affirmationen findest du am Ende dieses Kapitels. Doch wandle sie ab, dass sie zu dir und deiner Sprache passen.

Ich ziehe das Gute an.

Wende die Affirmationen richtig an

Wiederhole deine Affirmationen regelmäßig, idealerweise täglich. Statt sie nur leise vor dich herzusagen, sprich sie laut aus. Damit verankert sich der Satz noch stärker in deinem Unterbewusstsein. Noch besser ist es, sie mehrmals täglich aufzuschreiben. Auf diese Weise erscheint sie als bildhafte Form schon real und beflügelt deine seelische Kraft.

Finde einen ruhigen Moment am Tag, um deine Affirmationen zu wiederholen. Dies kann morgens nach dem Aufwachen oder abends vor dem Schlafengehen sein. Du kannst sie laut sagen oder in Gedanken wiederholen. Wichtig ist, dass du sie bewusst und mit Gefühl wiederholst.

Beispiel: Setze dich morgens für 5 Minuten hin, atme tief ein und aus und wiederhole deine Affirmation: „Ich vertraue auf mich und meine Fähigkeiten." Stelle dir dabei vor, wie du voller Selbstvertrauen in verschiedenen Situationen agierst.

Stell es dir vor

Während du deine Affirmation wiederholst, stelle dir vor, wie du dein Ziel bereits erreicht hast. Verbinde sie mit positiven Bildern oder Vorstellungen. Stell dir lebhaft vor, wie es sich anfühlt, selbstbewusst zu handeln oder ein erfolgreiches Projekt zu meistern. Die Visualisierung verstärkt die Wirkung der Affirmationen. Verknüpfe positive Gefühle mit deiner Affirmation. Stell dir vor, wie du dich fühlst, wenn die Aussagen wahr geworden sind. Emotionen verstärken die Wirkung der Affirmationen und helfen dabei, eine positive Einstellung aufzubauen.

Eine Alternative wäre, ein eigenes Poster zu kreieren mit Farben und Mustern und das so aufzuhängen, dass dein Blick immer wieder daraus fällt. Oder aber du schreibst deinen wichtigsten Satz auf kleine Zettel, die du an einigen Orten deponierst: In deinem Geldbeutel, am Badspiegel, bei deiner Frühstückstasse. Oder es wird zu deinem Bildschirmschoner.

Übertreibe nicht

Wenn Affirmationen zu weit von der Realität entfernt sind, können sie mehr schaden als nützen. Zum Beispiel würde eine Aussage wie „Ich bin der beste Sportler der Welt" nichts nützen und sogar eher das Gegenteil bewirken, wenn du gerade erst mit dem Sport beginnst. Solche Übertreibungen können zu Frustration und Entmutigung führen.

Affirmationen sollten mit positiven Gefühlen und Überzeugungen verbunden sein. Wenn du sie mechanisch wiederholst, ohne wirklich zu fühlen, können sie kaum Wirkung zeigen. Es ist entscheidend, Emotionen in den Prozess einzubringen, um die gewünschten Ergebnisse zu erzielen.

Integriere Affirmationen in deinen Alltag

Nutze Affirmationen nicht nur in ruhigen Momenten, sondern auch während des Tages. Wenn du negative Gedanken bemerkst oder dich in einer schwierigen Situation befindest, wiederhole deine Affirmation. Du kannst auch Erinnerungen in Form von Notizen oder als Handy-Hintergrundbild platzieren, um dich den ganzen Tag daran zu erinnern. Stehst du z.b. vor einer Herausforderung und zweifelst, dann wiederhole innerlich: „Ich vertraue auf mich und meine Fähigkeiten."

Affirmationen allein sind kein Wundermittel. Sie wirken besonders effektiv, wenn du sie mit Handlungen kombinierst. Nutze sie als Motivation, um aktiv Schritte in Richtung deiner Ziele zu gehen. Es kann hilfreich sein, Affirmationen mit realistischen, kleinen Zielen zu verbinden.

Lautet deine Affirmation „Ich bin fit und gesund.", dann wird sie effektiver, wenn du regelmäßig Sport treibst und auf deine Ernährung achtest.

Sei geduldig

Affirmationen entfalten ihre Wirkung nicht sofort, sondern erfordern Geduld und regelmäßige Wiederholung. Setze dir ein Ziel, deine Affirmationen mindestens 21 bis 30 Tage lang täglich zu wiederholen. Mit der Zeit wirst du bemerken, dass sich dein Denken verändert und du positiver auf Herausforderungen reagierst. Damit du es nicht vergisst, stell dir für die nächsten 30 Tage einen Timer und widme dich morgens und abends jeweils 5 Minuten deinen Affirmationen. Eine Alternative wäre eine Strichliste in deinem Kalender. So siehst du, ob du deinen Plan umgesetzt hast.

Wenn du so vorgehst, wirst du nach einigen Wochen feststellen, wie sich dein Denken und dein Verhalten verändert haben. Spürst du mehr Selbstvertrauen? Hast du neue Gewohnheiten entwickelt? Passe deine Affirmationen an, wenn sich deine Ziele oder Bedürfnisse ändern. Dein Selbstvertrauen wächst, kannst du deine Affirmation erweitern: „Ich vertraue auf mich und meine Fähigkeiten und ziehe Erfolg in mein Leben an."

Nach und nach wirst du merken, wie Affirmationen deine Denkweise in eine positive Richtung entwickeln und es zu Veränderungen in deinem Leben kommt.

Zusammenfassung:

- Schritt 1: Wähle ein Ziel oder Thema
- Schritt 2: Formuliere positive Affirmationen in der Gegenwartsform.
- Schritt 3: Wiederhole sie täglich, laut oder in Gedanken, mit Fokus und Emotion.
- Schritt 4: Visualisiere dein Ziel und erlebe die Gefühle, die damit verbunden sind.
- Schritt 5: Nutze Affirmationen auch im Alltag, besonders in schwierigen Situationen.
- Schritt 6: Kombiniere sie mit positiven Handlungen.
- Schritt 7: Bleibe geduldig und wiederhole sie regelmäßig.
- Schritt 8: Reflektiere und passe Affirmationen bei Bedarf an.

Anregungen für weitere Affirmationen

Doch verwende deine Sprache, deine Worte

„Ich bin wertvoll und liebevoll."
„Ich akzeptiere mich so, wie ich bin."
„Ich verdiene Liebe, Glück und Erfolg."
„Mein Körper ist stark und gesund."
„Ich achte auf meine Gesundheit und treffe positive Entscheidungen für meinen Körper."
„Ich strahle Gesundheit und Vitalität aus."
„Ich bin erfolgreich und erreiche meine Ziele."
„Ich bin offen für neue Möglichkeiten und nutze sie, um erfolgreich zu sein."
„Ich ziehe liebevolle und unterstützende Beziehungen in mein Leben an."
„Ich bin wertvoll und verdiene liebevolle Beziehungen."
„Ich kommuniziere klar und respektvoll in meinen Beziehungen."

Indem du dich auf deine inneren Bedürfnisse konzentrierst und deine Affirmationen regelmäßig mit Gefühl wiederholst, wirst du herausfinden, welche am besten zu dir passen und dich auf deinem Weg zu mehr Positivität und innerer Stärke unterstützen.

Der wichtigste Punkt

Passende Sätze auszusuchen alleine reicht nicht. Nur wenn du sie regelmäßig einsetzt, können sie Veränderungen in deinem Leben und deiner Person auslösen. Deshalb: Lass sie wirken, deine Affirmationen, gib ihnen eine Chance.

Dieses Notizbuch ist der ideale Begleiter des Buches „Das Beste für ein starkes Ich". Hier kannst du alle deine Gedanken festhalten, die dir beim Lesen der Texte in den Sinn kommen und notieren, welche Fortschritte du beim Umsetzen der Übungen gemacht hast. Für jedes Kapitel des Buches findest du hier im Notizbuch einige Seiten, illustriert mit meinen inspirierenden Collagen, die ebenfalls im Buch abgebildet ist. Gerade diese humorvollen Tierbilder werden es dir leicht machen, dich mit dem eigenen Selbstwertgefühl auseinanderzusetzen.

Wenn du deine Entwicklung bewusst festhältst, wirst du erkennen, wie du dich weiterentwickelt hast. Denn Selbstwertgefühl entsteht im Rückblick und im Vergleich mit dir selbst: Wo war ich vor einer Woche, einem Monat, einem Jahr?

Ich wünsche dir viel Spaß und die beste Entwicklung deines Ichs.

Du erhältst dieses Journal in jeder Buchhandlung,
kannst es aber auch online, wie z.B. über Amazon bestellen.

Alle Bücher der Autorin

Ich mach mich selbständig – Frauen gründen anders
168 Seiten
ISBN 9783755768173

Ich entscheide mich. Jetzt. - Wie Sie zu guten Lösungen kommen
Zügig und sicher entscheiden und auch danach zufrieden mit den
Entschlüssen sein   136 Seiten   I
SBN 978-374-602-6053

Kein Jahr wie das andere - Leben wie ich es will
Ein Reinschreibbuch zum Selbstcoaching
Wir fragen uns verwundert: Wo bleibt die Zeit? Ist das das Leben,
das ich will? Leben in eigener Regie
148 Seiten, Paperback, farbige Fotos
4. überarbeitete und erweiterte Auflage
ISBN 978-383-919-9367

Aufbruch zu neuen Ufern – Gut vorbereitet in den Ruhestand
Wer mit dem Eintritt in den Ruhestand nicht in ein Loch fallen will,
tut gut daran, sich rechtzeitig auf diesen neuen Lebensabschnitt vor-
zubereiten und die Weichen zu stellen.
192 Seiten
ISBN 9783744836135

Mein Brustkrebs heißt Hermann
Wie er die Räumungsklage erhielt und ich die Zuversicht nicht verlor.
Gedanken fördern die Heilung
148 Seiten
ISBN 9783748193050

Nimm dein Leben in die Hand
Welches ist der Beruf, der zu mir und meinen Talenten passt? Wie kann ich Beruf und Kind verbinden? Mit welcher Geschäftsidee könnte ich mich selbständig machen? Werde ich von meiner Selbständigkeit leben können?
236 Seiten
ISBN 9783752880625

**Selbstbewusst kommunizieren –
Schwierige Gespräche souverän meistern**
152 Seiten
ISBN 9783756212781

Das Alphabet in Bildern (zwei Bände)
Einfache, witzige, kindgerechte und von Hand gezeichnete Bilder zu den Buchstaben des Alphabets. Die Darstellungen erzählen Geschichten, regen die Fantasie der Kinder an und verführen zum Nachmalen.
Band 1
ISBN 9783753481326
Band 2
ISBN 9783754302095

Familie
Erinnerungen und Fundstücke aus Fotoalben, Briefen und dem Internet - unveröffentlicht

**Mehr Zeit –
Arbeit organisieren, Stress mindern, Freizeit gewinnen**
35 Tipps, wie Sie Ihren Alltag bewältigen und endlich Freiräume gewinnen
60 Seiten
ISBN 9783753435138